Almuth und Manfred Bartl

Wasserspiele

Spaß mit dem nassen Element

Hugendubel

Quellennachweis:

ALMUTH und MANFRED BARTL, »Platsch«.
Aus: Gedankenspiele, © Don Bosco Verlag
ERNST JANDL, »Wasser«.
Aus: Gesammelte Werke, Band 1,
© Luchterhand Literaturverlag, Darmstadt
JOACHIM RINGELNATZ, »Kindersand« und
»Das Lied von der Hochseekuh«.
Aus: Das Gesamtwerk, Band 2, © Henssel, Berlin
EUGEN ROTH, »Das Sprungbrett«.
Aus: Alles vom Menschen,
© Hanser, München/Wien

CIP-Titelaufnahme der Deutschen Bibliothek

Bartl, Almuth:
Wasserspiele: Spaß mit dem nassen Element / Almuth u.
Manfred Bartl. – München: Hugendubel, 1989
(Homo ludens)
ISBN 3-88034-402-7
NE: Bartl, Manfred:

Umschlaggestaltung: Johann Rüttinger, Uehlfeld
Zeichnungen: Vevi Panitz, München
Produktion: Tillmann Roeder, München
Satz: Uhl + Massopust, Aalen
Druck und Bindung: Bosch Druck, Landshut

ISBN 3-88034-402-7

Printed in Germany

Inhalt

Was ist das?

... eine geruch- und geschmacklose, durchsichtige, in dünner Schicht farblose in dicker Schicht bläulich schimmernde Flüssigkeit, die bei Null Grad zu Eis erstarrt und bei etwa 100 Grad verdampft?

Jeder von uns kennt die Faszination, die Wasser auf uns ausüben kann. Bedauerlicherweise ist das Spiel mit dem Wasser, wenn es sich nicht gerade um olympisches Wasserball handelt, in unseren erwachsenen Augen, eben nur eine Angelegenheit für Kinder.

Bereits Babies lieben das Patschen und Spritzen in Wasser, Kleinkinder watscheln voller Begeisterung durch Regenpfützen. Aber auch Erwachsene empfinden das Wasser als wohlige Entspannung und Befreiung vom Alltagsstreß.

Wer an einem sonnigen Tag beispielsweise am Isarufer spazierengeht, der kann einige Prachtexemplare der sonst so scheuen Gattung der Wasserspieler beobachten. Da trauen sie sich hinaus, knien sich nieder, um ein paar besonders flache Isarkiesel aufzuheben, und schon geht es los: die hohe Kunst des Steine-springenlassens – manchmal bis zur Flußmitte, ab und zu sogar bis zum gegenüberliegenden Ufer.

Aber Vorsicht! Nicht zu nahe kommen, Wasserspiele sind doch Kindersache und so läßt mancher Steinewerfer unauffällig sein Spielmaterial fallen, um ja nicht als kindlich oder gar kindisch zu gelten.

Schade. Schade, daß viele Erwachsene so selten Phantasie, Kreativität noch Spaß an sich heranlassen.

Dabei ist Wasser ein einfaches, ein aufregendes, ein fast überall verfügbares und mit Sicherheit eines der kostengünstigsten Spielmittel.

Wasserspiele sind nicht für einseitig begabte Wassersportler konzipiert, sondern bieten durch ihren Abwechslungsreichtum Anregungen für jeden Menschen, entsprechend seinen Neigungen und Interessen. So werden Sie in diesem Wasserspielebuch neben sportlichen Schwimm- und Tauchspielen auch solche Spielideen, die das Denkvermögen, die Empfindungen, die Kreativität und die Phantasie anregen, finden. Auch ganz einfache Spiele wurden beachtet, die auf lustige Art helfen, gerade diejenigen, die eher zur »wasserscheuen« Gattung Mensch gehören, spielerisch ans Wasser zu gewöhnen.

Langjährige Beobachtungen haben gezeigt, daß das Spiel mit Wasser durch seine entspannende Wirkung die Spieler von Konflikten entlastet, durch weitgehend wettbewerbsfreie, lustvolle, eben spielerische Beschäftigung das Selbstvertrauen stärkt und letztendlich dann Hilfe zur Überwindung seelischer Probleme ist.

Außerdem, und das ist sicher der wichtigste Aspekt: Wasserspiele machen ungeheuren Spaß und bieten Anregung zu kreativem Tun.

Wenngleich, wie wir alle wissen, auch das Wasser nicht in unendlichen Mengen vorhanden ist und gerade in unserer Zeit durch viele Umweltvergehen ständig geschädigt wird. Aber gerade hier zeigt sich auch die Wichtigkeit der Wasserspiele. Wer die Faszination Wasser mit eigenem Körper erfühlt, wer den Spaß beim Spielen im Wasser erfährt, der wird das Wasser als schützenswertes Element für jedes Leben erfahren und Verantwortung zeigen.

Für Anregungen, wertvolle Ratschläge und viel Geduld bedanken wir uns ganz herzlich bei Tom Werneck, Klara Rüsenberg und Christiane Fröschl. Für begeistertes Probespielen bedanken wir uns bei Cata, Denis, Constanze, Ina, Tommy, Andreas und Phily.

Spiele im Wasser

Wasser ist die chemische Verbindung von Wasserstoff und Sauerstoff, abgekürzt H_2O. Alle Lebewesen sind auf das Wasser angewiesen und bestehen oft sogar zum größten Teil aus Wasser.

Das Wasser bedeckt ¾ der Erdoberfläche. Darüber hinaus sind weite Gebiete von einer dicken Eisschicht überzogen. In der Athmosphäre tritt Wasser als Wasserdampf, in Form von Wolken und von Luftfeuchtigkeit auf.

Wasser befindet sich als Grundwasser in tiefen Bodenschichten. Mehr als 98 % des Gesamtwasservorkommens ist in den Weltmeeren vorhanden.

Die restlichen 1,23 % sind Süßwasser. Dieser kleine Süßwasseranteil bildet die Grundlage für alles Leben auf der festen Erde.

Der Mensch z. B. besteht zu zwei Dritteln aus Wasser. Verliert der Mensch nur 5 % seines normalen Wassergehaltes, so beginnt sich bereits die Haut zusammenzuziehen. Ein Verlust von 15 % ist tödlich.

Tiere und Pflanzen können sich da besser anpassen: Ein ausgetrockneter Regenwurm, der bereits mehr als 40 % seines Gewichtes verloren hat, lebt wieder auf, wenn man ihn ins Wasser taucht.

Das grausame Wasserleichenspiel

Alle Spieler befinden sich im Wasser. Der Spielleiter geht zu jedem Spieler und flüstert ihm etwas ins Ohr. Einem einzigen Spieler raunt der Spielleiter das Wort »Mörder« ins Ohr. Der so auf seine grausige Arbeit vorbereitete Mörder geht nun, nachdem sich der Spielleiter aufs Festland verzogen hat, behutsam ans Werk. Alle Spieler (inclusive Mörder) tummeln sich frei im Wasser. Sobald sich eine gute Gelegenheit bietet, zwinkert der Mörder einen seiner Mitspieler deutlich an. Dieser somit »Verschiedene« schreit auf und liegt fortan als »toter Mann« (ausgestreckt, bewegungslos in Rückenlage) auf dem Wasser.

Das »Morden« geht so lange weiter, bis der Mörder von seinen Mitspielern eindeutig identifiziert wurde. Äußert aber ein Spieler einen unzutreffenden Verdacht, so hat auch er sein Leben verwirkt und muß ebenfalls als »toter Mann« auf das Spielende harren.

Hase und Igel

Alle Spieler stehen am Beckenrand in Startposition.

Nach dem Startzeichen springen sie ins Wasser und schwimmen so schnell sie können zum gegenüberliegenden Beckenrand. Wer zuerst »anschlägt«, ruft »Ich bin schon da« und scheidet aus. Die übrigen Spieler kehren sofort um und schwimmen so schnell es geht zum Start zurück. Wieder darf der Schwimmer, der dort zuerst ankommt, rufen »Ich bin schon da« und darf ausscheiden, während die übrigen Spieler sofort umdrehen und wieder zurückschwimmen.

Das Spiel endet, wenn der letzte Spieler »Ich bin schon da« schnauft.

Anmerkung:

Bitte unbedingt einen Spielleiter außerhalb des Beckens postieren, der genau darauf achtet, daß sich kein Schwimmer zuviel zumutet.

Der steife Butler

Dies ist ein Geschicklichkeitsspiel mit einer gehörigen Portion Nervenkitzel. Die Spieler werden in zwei Gruppen geteilt. Von jeder Gruppe steht ein Spieler am Beckenrand, neben sich ein Eimerchen mit Wasser und ein leerer Becher. Wer will, kann das Wasser mit einem Tropfen Lebensmittelfarbe einfärben. Am gegenüberliegenden Beckenrand steht von jeder Gruppe ebenfalls ein Mitspieler, jeder mit einem leeren Eimerchen bewaffnet.

Nun wählt jede Gruppe aus ihren Reihen einen aus, der fortan die Rolle des »steifen Butlers« übernimmt. Dieser liegt stocksteif auf dem Rücken im Wasser. Sein Bauch sollte aus dem Wasser schauen. Sofort nach dem Start füllt der Spieler, der außerhalb des Beckens steht, den Becher mit gefärbtem Wasser und reicht ihn seiner Gruppe. Die Schwimmer setzen den Becher auf den Bauch des »steifen Butlers« und stoßen oder ziehen ihn, natürlich so sanft, daß der Becher nicht umkippt, zum gegenüberliegenden Beckenrand. Dort wird das gefärbte Wasser in den leeren Eimer geschüttet. Die Schwimmer ziehen nun den »steifen Butler« zurück und holen die nächste Portion Wasser, die durch den »steifen Butler« wieder ans gegenüberliegende Ufer transportiert werden muß.

Nach einer vorher festgelegten Zeit wird das Spiel abgepfiffen. Nun werden die Pegelstände in den vormals leeren Eimern gemessen. Gewonnen hat diejenige Gruppe, die das meiste Wasser ans andere Ufer bringen konnte.

Anmerkung:
Sollte der Becher auf dem Bauch des Butlers umkippen, muß die Gruppe wieder zurück, um neues Wasser einzufüllen. Das Spiel ist für den Butler sehr anstrengend. Manchmal ist es nötig, den Butler nach einer Runde auszuwechseln.

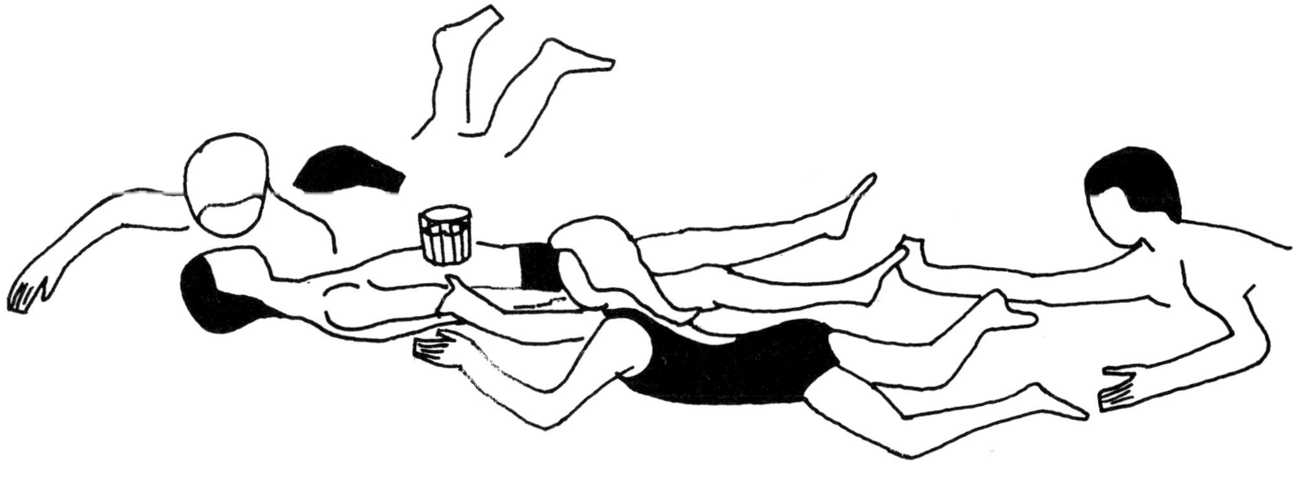

Das nasse Würfelspiel

Ein Muntermacher für alle Faulenzer und ein Hit auf jedem Badefest.

Die Spieler sitzen am Ufer im Kreis. Im Wasser schwimmen etwa 50 Flaschenkorken. (Wer nicht so viele Korken auftreiben kann, schneidet die vorhandenen einfach in Scheiben.)

Abwechselnd darf jeder Spieler einmal würfeln. Sobald ein Spieler eine sechs gewürfelt hat, stürzt er sich ins Wasser und sammelt so viele Korken wie möglich ein. Die übrigen Spieler würfeln möglichst schnell weiter. Hat ein anderer Spieler eine sechs, ruft er »Halt«! Sofort muß der Korkensammler seine Arbeit einstellen und mit den bereits gefischten Korken wieder an Land schwimmen und sich auf seinen Platz setzen. Inzwischen durfte der zweite Spieler, der eine sechs erwürfelte, im Wasser Korken sammeln, bis er wieder von einem anderen Sammler unterbrochen wird.

Das Spiel ist zu Ende, wenn alle Korken eingesammelt worden sind. Jetzt werden die Korken gezählt. Wer hat die meisten erbeutet?

Fischpaare

Dieses lustige Kinderspiel ist ein Hit auf jedem Wasserfest und sollte unbedingt mehrmals gespielt werden. Wir brauchen möglichst viele Mitspieler, jedoch muß die Anzahl der Spieler durch zwei teilbar sein.

Jetzt geht der Spielleiter zu jedem Kind und flüstert ihm eine Fischart ins Ort. Dabei muß er darauf achten, daß er immer zwei Spielern dieselbe Fischart zuflüstert, also: zweimal Forelle, zweimal Hai, zweimal Goldfisch, zweimal ... Die so zu »Fischen« gewordenen Kinder dürfen aber noch niemandem verraten, welcher Sorte sie angehören. Aber auf ein Zeichen des Spielleiters schreit jedes Kind seinen neuen Namen so laut wie möglich heraus. Nun müssen sich die beiden Fische gleicher Sorte finden, zum Wasser laufen, Arm in Arm eingehakt gemeinsam zu einem vorher festgelegten Punkt schwimmen und wieder gemeinsam zum Ufer zurückschwimmen. Die beiden Fische, die zuerst wieder beim Spielleiter ankommen, haben gewonnen!

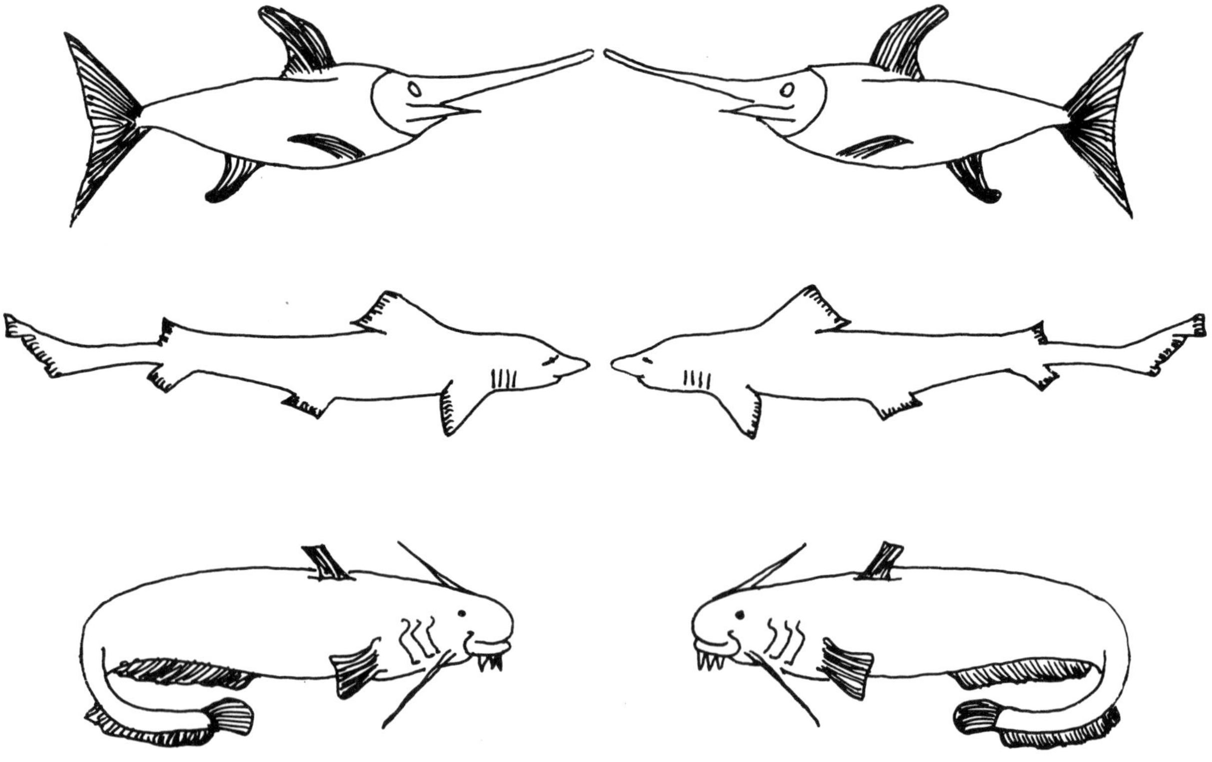

Kleiderschwimmen

Aufwendig aber besonders lustig (vor allem für die Zuschauer) ist das Kleiderschwimmen.

Die Spieler stehen in zwei Riegen am Beckenrand. Auf der gegenüberliegenden Seite ist ein Korb bereitgestellt, mit allerlei Kleidungsstükken, z. B.: Hüte, Strümpfe, Jacken, Sonnenbrillen, etc.

Auf das Startzeichen hin springen die ersten Spieler jeder Gruppe ins Wasser, schwimmen zur anderen Seite, wählen sich ein beliebiges Kleidungsstück aus, ziehen es an und schwimmen zur Gruppe zurück. Dort übergeben sie dem zweiten Spieler das Kleidungsstück. Dieser schwimmt sofort wieder zum Kleiderkorb, wählt ein zweites Stück aus, usw...

Das Spiel ist zuende, wenn der letzte Spieler der schnelleren Gruppe bekleidet bei seinen Mitspielern ankommt.

Wasserstarre

Während sich die Spieler »ahnungslos« im Wasser tummeln, steigt plötzlich der Wassermann aus den Fluten. Seine Wunderwaffe sieht zwar aus wie ein gewöhnlicher Ball, aber das täuscht! Wird ein Spieler vom Ball getroffen, erstarrt er augenblicklich zur Wassersäule. Solcherart treibt der Wassermann sein grausames Spiel. Die einzige Möglichkeit, sich vor den Abwürfen des Wassermannes zu schützen, ist unterzutauchen. Aber, wer einmal zur Wassersäule erstarrt ist, braucht dennoch nicht zu verzagen. Die »Starre« wird gebrochen, wenn zwei Mitspieler der »Säule« gleichzeitig die Hand geben.

Das Spiel endet, wenn entweder alle Spieler »erstarrt« sind oder – wenn der Wassermann »schlappmacht«!

Achtung:

Darauf achten, daß die zur Verfügung gestellten Kleidungsstücke aus leichten Materialien bestehen und sich nicht voll Wasser saugen können!

Wasserregeln

Wasserspiele machen Spaß. Damit der Spaß aber nicht jäh abbricht, muß man unbedingt einige bestimmte Regeln über den Aufenthalt im Wasser beachten.

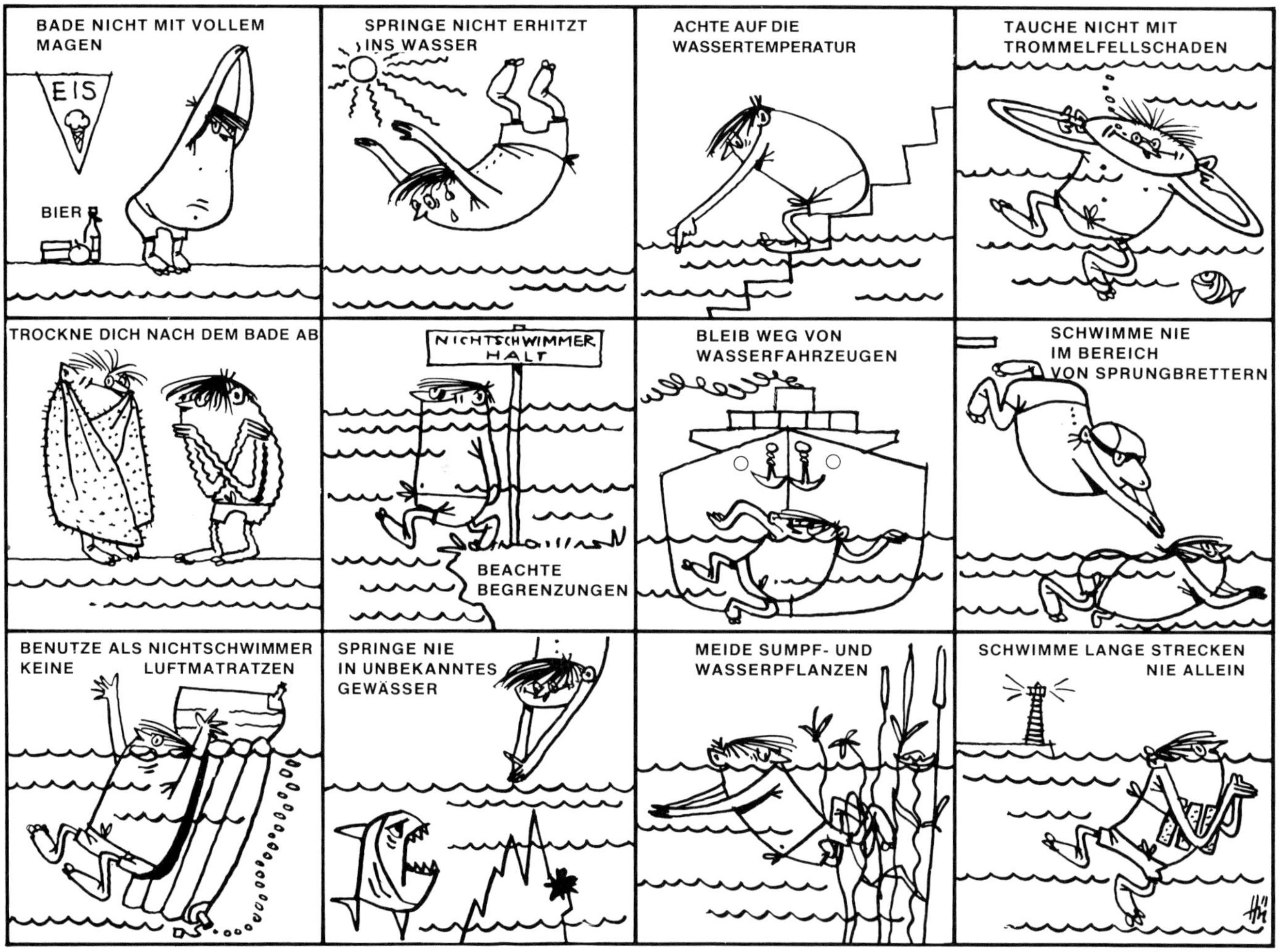

Mit freundlicher Genehmigung der Wasserwacht, Pressestelle München

Pyramiden

Zwei Spieler stehen nebeneinander und halten ihre Hände auf dem Rücken gefaltet. Ein dritter Spieler steigt in die verschränkten Hände und hält sich an den Köpfen der Träger gut fest.

Spielmöglichkeiten:

1. Form: Zwei Pyramiden spielen gegeneinander und versuchen, die gegnerische Pyramide umzustoßen.

2. Form: Mehrere Pyramiden veranstalten einen Wettlauf.

Reifenspringen

Zwei Spieler stehen am Beckenrand und fassen sich an den Händen. Das eine Armpaar halten sie tief, das andere so hoch, daß die Arme auf diese Weise einen großen Ring bilden. Die übrigen Spieler hechten durch den Ring ins Wasser.

Wenn keine mutigen Spieler vorhanden sind, die den Ring bilden wollen, so behelfen wir uns, wie auf dem Foto, mit einem Hula-Hoop-Reifen.

Tauch-Quiz

Für dieses Spiel muß man einiges an Vorarbeit leisten, aber es lohnt sich!

Die Spieler werden in zwei Gruppen geteilt: Gruppe A und Gruppe B stehen mindestens 10 Meter voneinander entfernt.

Vorbereitung:

Der Spielleiter überlegt sich einen allen bekannten Spruch oder einen Liedtitel, z. B.: »Fuchs du hast die Gans gestohlen«.

Jedes Wort schreibt er auf einen Zettel, gibt jeden Zettel zusammen mit einem Stein, der zum Beschweren nötig ist, in einen unaufgeblasenen Luftballon und knotet diesen zu. Vor den Augen aller Spieler wirft der Spielleiter die Ballons ins Wasser. Nun gibt er das Startzeichen.

Spielverlauf:

Von jeder Gruppe darf immer nur ein Spieler tauchen. Mit dem heraufgetauchten Ballon begibt er sich sofort zu seiner Gruppe. Während ein anderes Mitglied nach einem weiteren Ballon taucht, holen die anderen den Zettel aus dem Ballon. Die Spieler versuchen den Lösungstext möglichst bald zu erraten. Aus den Zetteln »Fuchs« und »gestohlen« beispielsweise geht ja der Lösungstext mit großer Wahrscheinlichkeit schon hervor. Sobald eine Gruppe meint, zu wissen, um welchen Text es sich handelt, rufen die Spieler »Stop« und geben ihre Lösung dem Spielleiter an. Ist die Lösung richtig, erhält die Gruppe einen Punkt. Wenn nicht, muß weitergetaucht werden.

Anmerkung:

Sind alle Zettelballons aufgetaucht worden, ohne daß eine Gruppe den Lösungstext erraten konnte, so können die Gruppen jetzt untereinander Zettel austauschen, bis dann bei einer Gruppe »der Groschen fällt«.

Feuer durchs Wasser

Die Spieler treten in zwei gleichgroßen Gruppen – Gruppe A und B – gegeneinander an.

Die Spieler stehen hintereinander am Start. Der erste Schwimmer jeder Gruppe bekommt eine Kerze und eine Schachtel Streichhölzer. Auf ein Startzeichen stürzen sich die ersten Schwimmer ins Wasser, schwimmen mit Kerze und Streichholzschachtel so schnell es geht zur Wendemarke, drehen um und schwimmen zu ihrer Gruppe zurück, übergeben dem nächsten Spieler Kerze und Streichholzschachtel und stellen sich am Ende ihrer Gruppe wieder auf. Ist der letzte Schwimmer wieder bei seiner Gruppe angekommen, wird gemeinsam versucht, die Kerze anzuzünden. Gewonnen hat die Gruppe, deren Kerze zuerst brennt.

Variation:

Jeder Schwimmer muß die Strecke in einer anderen Schwimmdisziplin zurücklegen zum Beispiel: Brustschwimmen, Rückenschwimmen, Schwimmen ohne Zuhilfenahme der Arme, Schwimmen ohne Beinschlag usw.

Buchstabensalat im Wasser

Der Spielleiter muß vor dem Spiel folgende Vorarbeit leisten:

1. Er muß sich zwei Wörter überlegen, von denen jedes aus so vielen Buchstaben besteht, wie jede Gruppe Spieler hat.
   Also z. B.: Bei je fünf Spielern

   Gruppe A: S P I E L
   Gruppe B: F I S C H
2. Er muß zwei Wachsmalstifte bereithalten
3. Er muß unter Wasser zwei Bretter deponieren

Spielverlauf:

Die Spieler werden in zwei gleichgroße Gruppen geteilt, die Gruppen spielen gegeneinander.

Die Gruppen stehen in Riegen nebeneinander im Wasser, etwa 10 Meter vom Spielleiter entfernt.

Auf ein Startzeichen hin schwimmen die ersten jeder Gruppe so schnell wie möglich auf den Spielleiter zu. Der Spielleiter nennt den Schwimmern je einen beliebigen Buchstaben aus dessen Wort, z. B. dem ersten Schwimmer der Gruppe A das »P« aus dem Wort »Spiel«. Die Schwimmer tauchen mit dem Stift unter und malen den Buchstaben auf »ihr« Brett, geben den Stift dem Spielleiter zurück und schwimmen an Land.

Sobald der erste Spieler an Land angekommen ist, schwimmt der nächste Spieler dieser Gruppe wieder zum Spielleiter, der ihm einen beliebigen weiteren Buchstaben des Gruppenlösungswortes nennt.

So geht das Spiel weiter, bis die letzten Spieler an der Reihe sind. Sie müssen so lange tauchen und tüfteln, bis sie ihr Lösungswort dem Spielleiter nennen können.

Wem das zuerst gelingt, dessen Gruppe hat gesiegt.

Anmerkung:

Dieses Spiel sollte man unbedingt mehrmals hintereinander spielen, es wird von Runde zu Runde spannender, da die Spieler dann den Spielverlauf kennen und ihre ganze Kraft in die Schnelligkeit stecken. Außerdem dauert es nicht lange, bis die Gruppen dahinterkommen, daß es zweckmäßig ist, den Wortgewandtesten unter ihnen ans Gruppenende zu stellen.

Platzballon

An einer Leine, die über das Schwimmbecken gespannt ist, hängen in unterschiedlicher Höhe Luftballons.

Die Spieler schwimmen zur Leine, tauchen unter und versuchen so emporzuschnellen, daß sie einen Luftballon zu fassen kriegen und ihn platzen lassen.

Wer aber das Spiel als Wettkampfspiel austragen will, teilt die Mitspieler in zwei gleich starke Gruppen.

An der Leine hängen dann abwechselnd gleichviel rote und blaue Ballons. Gruppe A darf nur rote Ballons platzen lassen, Gruppe B die blauen

Welche Gruppe hat zuerst alle Luftballons ihrer Farbe zerplatzt?

Waschlappenschlacht

Ein tolles Spiel zum Austoben, für das sich eine Spielanleitung erübrigt. Man muß bloß den im Wasser spielenden Kindern einige Waschlappen geben.

Wasser-Quiz

Ein Spieler überlegt sich eine einfache Figur, z. B. Haus, Baum oder einen Buchstaben, eine Zahl oder eine geometrische Figur (Kreis, Quadrat, ...)

Er versucht nun diese Figur ganz exakt zu schwimmen. Die übrigen Spieler stehen am Beckenrand und versuchen, die Figur zu erraten.

Das Lied von der Hochseekuh

(Schanty zum Tauziehen)

Joachim Ringelnatz

Zwölf Tonnen wiegt die Hochseekuh.
Sie lebt am Meeresgrunde.
Ohei! – – Uha!
Sie ist so dumm wie ich und du
und läuft zehn Knoten in der Stunde.
Ohei! – – Uha!

Sie taucht auch manchmal aus dem Meer
und wedelt mit dem Schweife.
Ohei! – – Uha!
Und dann bedeckt sich rings umher
das Meer mit Schaum von Seife.
Ohei! – – Uha!

Die Kuh hat einen Sonnenstich
und riecht nach Zimt und Nelken
Ohei! – – Uha!
Und unter Wasser kann sie sich
mit ihren Hufen melken.
Ohei! – – Uha!

Slalom

Die Spieler stehen in etwa hüfthohem Wasser parallel zum Ufer, jeweils etwa zwei Meter vom Vordermann entfernt.

Der vorderste Spieler schwimmt im Slalom um die anderen Spieler herum und stellt sich nun als letzter in die Reihe.

Er ruft »weiter«, und der nächste Spieler schwimmt los.

Wenn genügend Mitspieler vorhanden sind, kann man das Spiel auch als Wettkampf zweier Gruppen austragen.

Ausbruch

Die Spieler (Wärter) bilden im brusthohen Wasser einen Kreis.

Im Kreis befinden sich drei bis fünf Gefangene.

Die Gefangenen sprechen sich ab, wer von ihnen ausbrechen soll. Selbstverständlich dürfen die Wärter nicht erfahren, wer zum Ausbrecher bestimmt wurde. Nun treiben die Gefangenen ihr Unwesen und versuchen die Aufmerksamkeit der Wärter durch heftige Ausbruchsversuche so geschickt auf sich zu lenken, daß dem wirklichen Ausbrecher die Flucht durch den Wärterkreis über oder unter Wasser gelingt.

Es ist ratsam, die Aktion zeitlich zu begrenzen.

Das Sprungbrett

Eugen Roth

Ein Mensch, den es nach Ruhm gelüstet,
Besteigt, mit großem Mut gerüstet,
Ein Sprungbrett – und man denkt, er liefe
Nun vor und spränge in die Tiefe,
Mit Doppelsalto und dergleichen
Der Menge Beifall zu erreichen.
Doch läßt er, angestaunt von vielen,
Zuerst einmal die Muskeln spielen,
Um dann erhaben vorzutreten,
Als gälts, die Sonne anzubeten.
Ergriffen schweigt das Publikum –
Doch er dreht sich gelassen um
Und steigt, fast möcht man sagen, heiter
Und vollbefriedigt von der Leiter.
Denn, wenn auch scheinbar nur entschlossen,
Hat er doch sehr viel Ruhm genossen,
Genau genommen schon den meisten –
Was soll er da erst noch was leisten?

Luftbrücke

Die Spieler werden in zwei Gruppen geteilt. Ein Spieler von Gruppe A steht in der Mitte. Die Spieler von Gruppe B bilden um ihn herum in ca. 1–2 Metern Entfernung einen Kreis. Die übrigen Spieler von Gruppe A bilden um die B-Spieler einen zweiten Kreis.

Gruppe A erhält einen Ball. Die äußeren Spieler der A-Mannschaft werfen sich den Ball so lange untereinander zu, bis sie meinen, eine Lücke gefunden zu haben, um ihrem »Innenmann« den Ball zuwerfen zu können. Gelingt das, erhält die Gruppe A einen Punkt. Wird der Ball von den B-Spielern abgewehrt, erhält die Gruppe B einen Punkt.

Nach etwa zehn Minuten werden die Plätze getauscht. Punktevergleich also nach zwei Spielrunden.

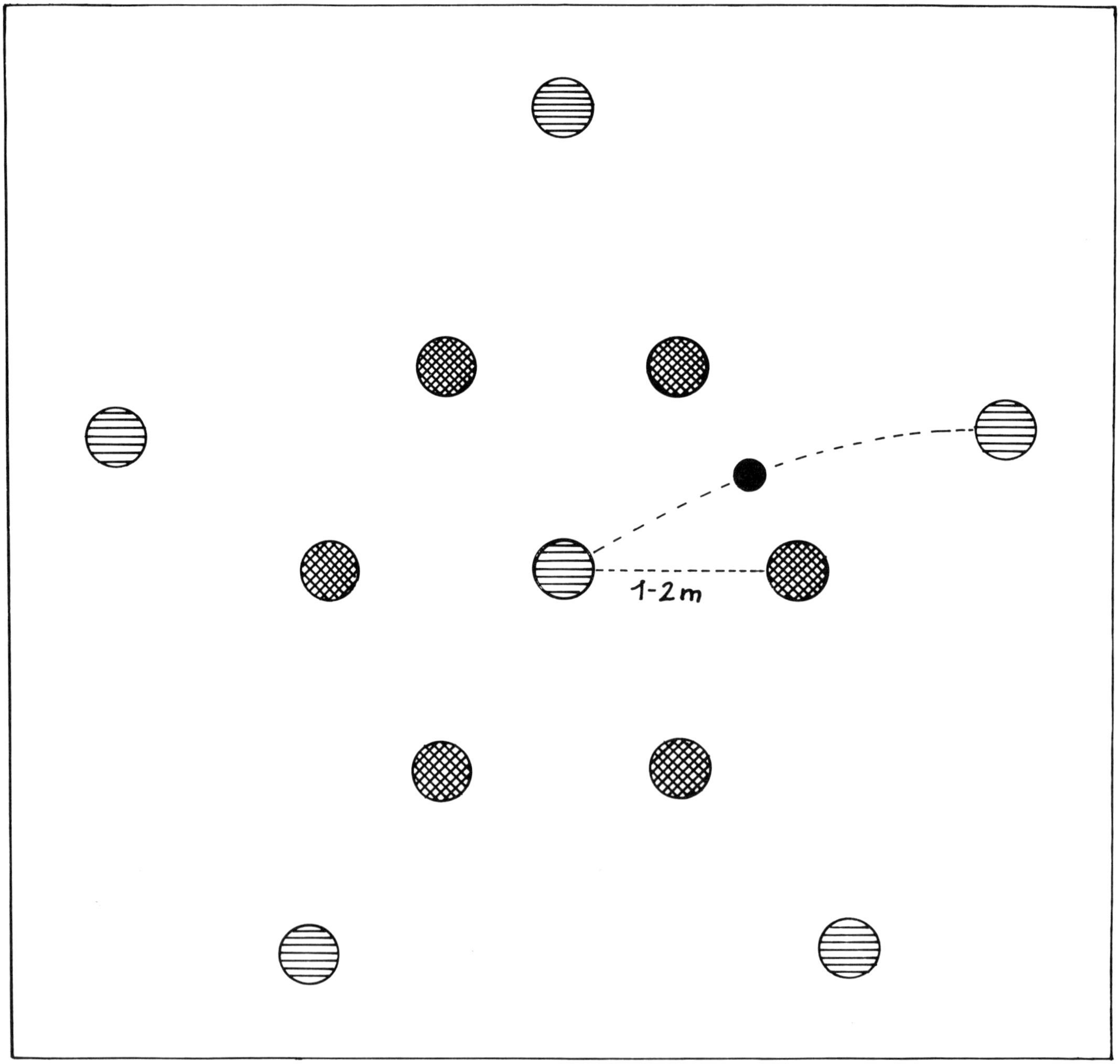

Convoi

Jeder Spieler braucht dazu eine Luftmatratze oder ein anderes Wassergefährt, wie z. B. einen großen Schwimmreifen oder ein Schlauchboot.

Die Spieler besteigen Ihre Gefährte und zwar so, daß jeder einen Fuß des Vordermannes umfassen kann.

Nun versuchen alle mit den Händen und dem freien Bein eine vorher festgelegte Strecke zu einem bestimmten Ziel zu paddeln und zwar nach Möglichkeit so, daß kein Boot kentert.

Zusammenspiel, ein gemeinsamer Rhythmus und gegenseitige Hilfe sind unerläßlich.

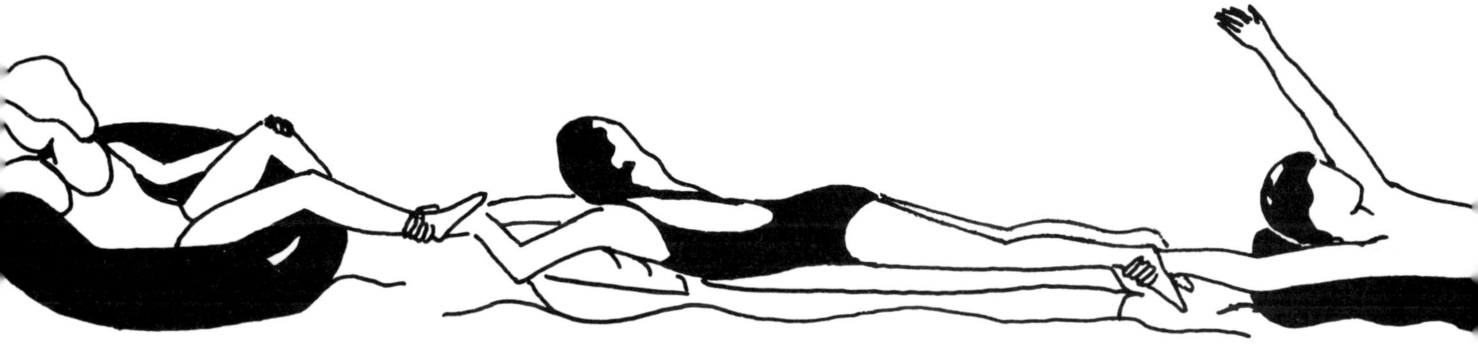

Auf dem Wasser gehen

Auf dem Wasser liegen hintereinander drei Luftmatratzen. Die vorderste Matratze berührt den Schwimmbeckenrand! Zwei Spieler sollten sich im Wasser befinden und die Luftmatratzen in einer Reihe halten!

Nun darf jeder sein Glück probieren und vom Beckenrand aus möglichst leichtfüßig und schnell über die Matratzen laufen. Wer selbst ein Schwimmbad hat, der sollte sich eine Laufkette aus Holzplatten zulegen!

Dieses Spiel macht großen Spaß, ist aber leider nicht ganz ungefährlich. Die Matratzen sollten sich nach Möglichkeit so im Wasser befinden, daß die Spieler auch im Falle des Ausrutschens nicht zu nahe an den Beckenrand geraten.

Kleine Kinder sollten selbstverständlich nur im Beisein von Erwachsenen spielen.

Fischerstechen

Das Fischerstechen ist ein beliebtes Wettspiel, das man besonders häufig auf Volksfesten in Seenähe beobachten kann.

Boote – zwei Luftmatratzen oder zwei kleine Schlauchboote – liegen einander gegenüber im Wasser. Zwei »Fischer« werden je mit einer Lanze ausgestattet. Dazu benützt man z.B. Besenstiele, die man an einem Ende mit Kissen oder Badetüchern sorgfältig polstert.

Die Fischer besteigen ihre Luftmatratzen und versuchen nun durch Schieben oder kleine Stöße ihren Gegner ins Wasser zu schubsen.

Das Spiel klingt gefährlicher als es ist. Wer aber ganz sicher gehen will, der beachte noch folgende Zusatzregeln:

1. Die Lanzenenden werden vor dem Spiel mit alten Schaumgummikissen gepolstert und gut verschnürt. Nach jeder Spielrunde werden die Lanzenenden auf ihre Sicherheit untersucht.
2. Ggf. dürfen sich die Fischer mit einem selbstgefertigten »Schild« schützen.
3. Wuchtige Stöße und Stöße auf den Kopf des Gegners sind selbstverständlich nicht zugelassen. Den Kampf entscheidet sowieso nicht die Kraft sondern die Geschicklichkeit.

Ballonbojen knacken

Für jeden Spieler schwimmt ca. 20 Meter vom Ufer entfernt ein Luftballon im Wasser. Die Spieler stehen am Ufer. Auf ein Startzeichen hin stürzen sich alle in die Fluten, schwimmen so schnell es geht zu ihrem Luftballon und transportieren ihn zurück ans Ufer. Dort angekommen setzen sich die Spieler und versuchen ihre Ballons zum Platzen zu bringen. Wem dies zuerst gelingt, der hat gewonnen.

Wasser-Cowboy

Zum Beruf eines Cowboys gehört natürlich auch das Einreiten von Wildpferden. Ist das zu Lande schon schwierig, erhält es noch seinen besonderen Reiz, wenn man das im Wasser versucht. Ein Cowboy setzt sich auf die Schultern seines Pferdes. Das Pferd steht im seichten Wasser und läßt gerade noch geschehen, daß der Reiter aufsteigt. Dann aber versucht es mit aller Kraft, durch wilde Sprünge, ruckartige Bewegungen, Untertauchen oder was ihm sonst noch einfällt, seinen Reiter loszuwerden.

Da auch der beste Cowboy früher oder später vom Pferd fällt, sollte man die Zeit stoppen, wie lange sich der Cowboy auf seinem Pferd halten konnte. Dann werden die Rollen getauscht. Wer sich länger halten konnte, hat gewonnen.

Die Zueinander-Staffel

Die Spieler stehen in zwei Riegen hintereinander. Die Riegen stehen sich in etwa 10 Meter Entfernung gegenüber. Der erste Spieler jeder Gruppe hat einen Tischtennisball in der Hand.

Die ersten beiden Spieler tauchen nun aufeinander zu, übergeben sich unter Wasser die Bälle, tauchen auf und schwimmen zu ihrer Gruppe zurück. Dort geben sie den Ball dem nächsten weiter und stellen sich selbst am Riegenende wieder auf.

Berührungsangst

Alle Spieler bilden im seichten Wasser einen Kreis und halten sich während der gesamten Spielzeit fest an den Händen. In der Kreismitte schwimmt ein Wasserball. Wer mit dem Ball in Berührung kommt, scheidet aus.

Da geht natürlich ein wildes Drängeln, Schieben und Zerren los. Wobei der Ball durch das nun aufgewühlte Wasser seinen eigenen Weg findet und so oftmals das Spiel einen unerwarteten Verlauf nimmt.

Klaus geht mit seinem Freund angeln. Es dauert nicht lange, und Klaus hat was an der Angel. Mühevoll holt er sie ein – ein Schuh hängt dran. Als nächstes ist sein Freund erfolgreich: Er angelt ein Sieb. Nacheinander angeln sie noch einen Stuhl und eine Tasche. Da wird es ihnen doch unheimlich, und Klaus meint: »Komm bloß schnell weg, da unten wohnt einer.«

Reiterkampf

Diesen »Klassiker« der Wasserspiele werden sicherlich schon viele Wasserspieler kennen. Das Spiel sollte im seichten Wasser ausgetragen werden. Zum Spielen braucht man mindestens vier Spieler. Aber wie bei den meisten Spielen wird es um so lustiger, je mehr Leute mitspielen.

Jeweils zwei Spieler bilden ein Paar. Der Stärkere ist das Pferd, der Schwächere sitzt als Reiter auf seinen Schultern. Nun bekämpfen sich die Reiter gegenseitig, mit dem Ziel, andere Reiter ins Unglück – sprich Wasser zu stoßen, selbst aber auf seinem Pferd sitzen bleiben zu können. Natürlich erfordert das Spiel von den Pferden mindestens so viel Geschicklichkeit wie von den Reitern.

Das Spielerpaar, dessen Reiter sich am längsten halten kann, gewinnt.

Entern

Zwei »feindliche« Luftmatratzen-Schiffe sind mit jeweils zwei bis vier Piratenkindern besetzt. Die Schiffe befinden sich an gegenüberliegenden Beckenrändern.

Auf ein Zeichen des Spielleiters stürzen sich alle Piraten in die Fluten und schwimmen zum jeweils anderen Schiff, um es zu entern. Welche Mannschaft zuerst vollzählig auf dem »feindlichen« Schiff sitzt, hat gewonnen.

Tischtennis im Wasser

Alle Spieler stehen in einer Linie nebeneinander. Das Wasser reicht ihnen bis zur Brust. Nun erhält jeder Spieler einen Tischtennisball, den er auf ein Startzeichen hin vor sich auf die Wasseroberfläche legt. Die Spieler kauern ein wenig nieder, so daß ihnen das Wasser nun bis an den Mund reicht. Jetzt wird so kräftig wie möglich gepustet und der Ball auf diese Weise bis an den gegenüberliegenden Beckenrand getrieben.

Wer dieses Spiel in freien Gewässern spielen möchte, muß natürlich zuvor eine Ziellinie oder eine Zielfigur (z. B. den Spielleiter) bestimmen.

Wasserschlange

Die Spieler stehen hintereinander im knietiefen Wasser und halten ihre Arme um den Bauch des Vordermannes. Ein Spieler, der Schlangentöter, steht etwas abseits. Seine Aufgabe besteht darin, den Schwanz der Schlange zu fassen zu bekommen, ohne von der Schlange selbst gebissen zu werden.

Selbstverständlich kann eine Schlange immer nur mit dem Kopf, also mit dem vordersten Spieler, zupacken. Wichtig ist, und das muß man den Spielern ausdrücklich sagen, daß die Schlange natürlich nirgends auseinanderreißen darf, denn das wäre selbstverständlich auch ihr Verderben.

Ein sehr lustiges und sehr nasses Spielerlebnis!

Spießrutenschwimmen

Die Spieler werden in zwei Gruppen geteilt. Gruppe A verteilt sich außerhalb des Beckens parallel zu den Bahnen. Jeder Spieler von Gruppe A ist mit mehreren leichten »Wurfgeschossen« ausgerüstet, z. B. mit wassergefüllten Luftballons, Tischtennisbällen, Bällen.

Die Spieler von Gruppe B müssen nun zwei Bassinlängen durch die »feindlichen« Linien schwimmen. Die Spieler der Gruppe A versuchen, die Schwimmer abzuwerfen. Wer getroffen wurde, schwimmt an den Rand und scheidet aus.

Die Schwimmer dürfen sich durch Untertauchen vor den Angriffen schützen.

Familien-Wettschwimmen

Je nachdem wieviele Spieler teilnehmen, werden sie in »Familien« mit 3 bis 5 Spielern eingeteilt.

Die Schwimmer jeder Familie halten sich fest an den Händen. Auf das Startzeichen hin springen alle Familien gleichzeitig ins Wasser und schwimmen zu einer vorher festgelegten Markierung. Dort wenden sie und schwimmen zum Start zurück.

Die Spieler jeder Familie müssen sich während des Wettschwimmens stets fest an den Händen halten. Läßt ein Familienmitglied los, muß die ganze Familie neu starten.

Wasserballett

Eine gerade Anzahl von Spielern bildet einen Kreis. Die Spieler halten sich fest an den Händen. Nun zählen sie zu zweien ab, also: 1, 2, 1, 2, ...

Auf ein Zeichen des Ballettmeisters hin legen sich die »Einser« flach auf den Rücken.

Dabei werden sie natürlich weiterhin von ihren »Zweiernachbarn« an den Händen gehalten.

Die »Einser« grätschen die Beine so, daß sie mit ihren Füßen die Füße der Nachbarn berühren: Also mit dem linken Fuß den linken Nachbarn und mit dem rechten Fuß den rechten Nachbarn.

Was so kompliziert klingt, ist in Wirklichkeit ganz einfach. Die »Einser« bilden auf dem Wasser liegend einen Stern.

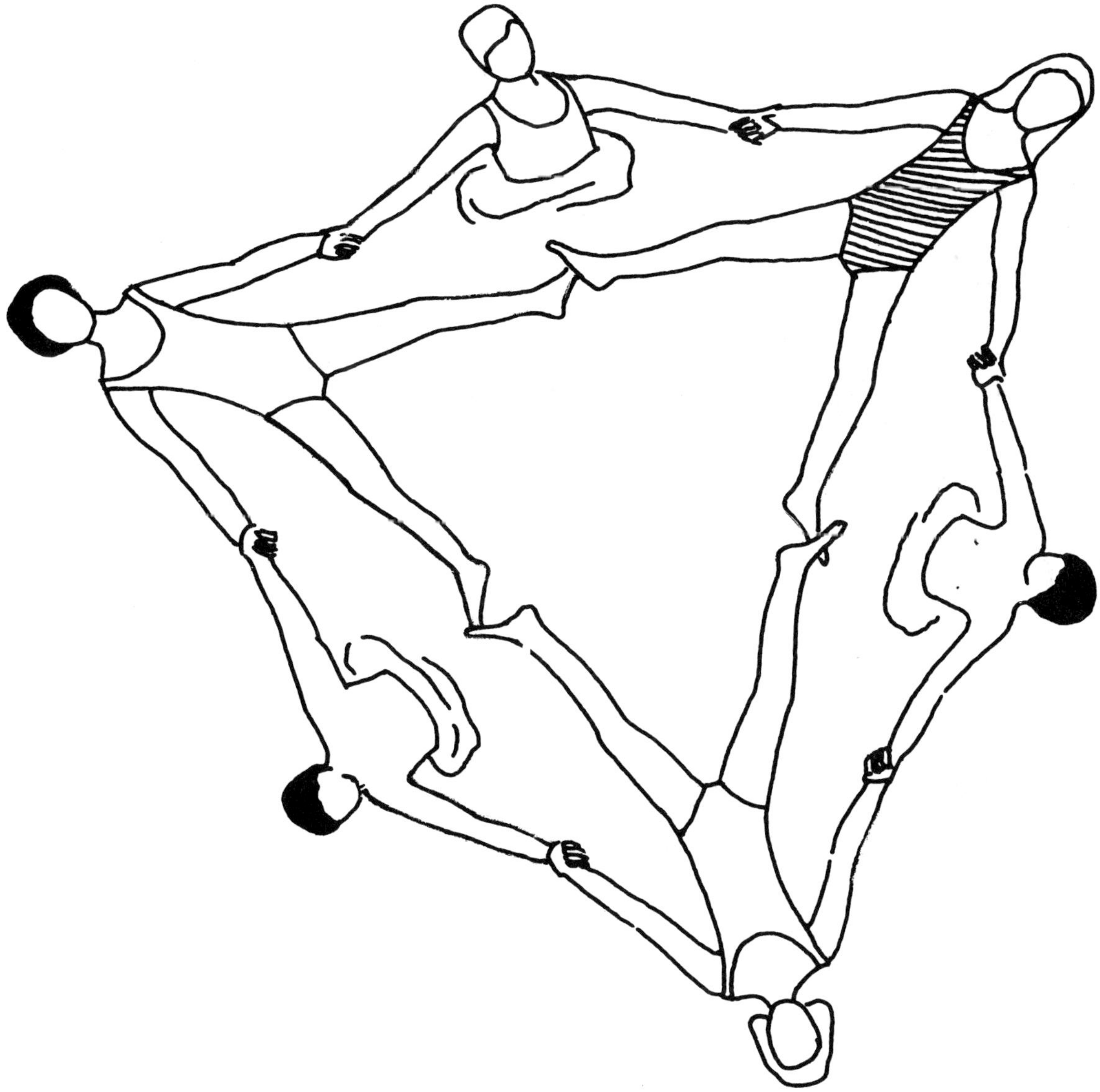

Löffelball

Die Spieler stehen in zwei Riegen hintereinander. Der Vorderste in jeder Riege bekommt einen Suppenlöffel. Auf den Löffel legt er einen Tischtennisball oder ein Stück Würfelzucker.

Auf das Startzeichen hin schwimmt nun jeweils der Gruppenerste mit dem Löffel im Mund zu einer etwa 10 Meter entfernten markierten Stelle, dreht um, schwimmt zu seiner Gruppe zurück, übergibt den Löffel an den Zweiten und stellt sich selbst am Riegenende wieder auf. Gewonnen hat die Gruppe, die zuerst wieder in ihrer Ausgangsposition steht.

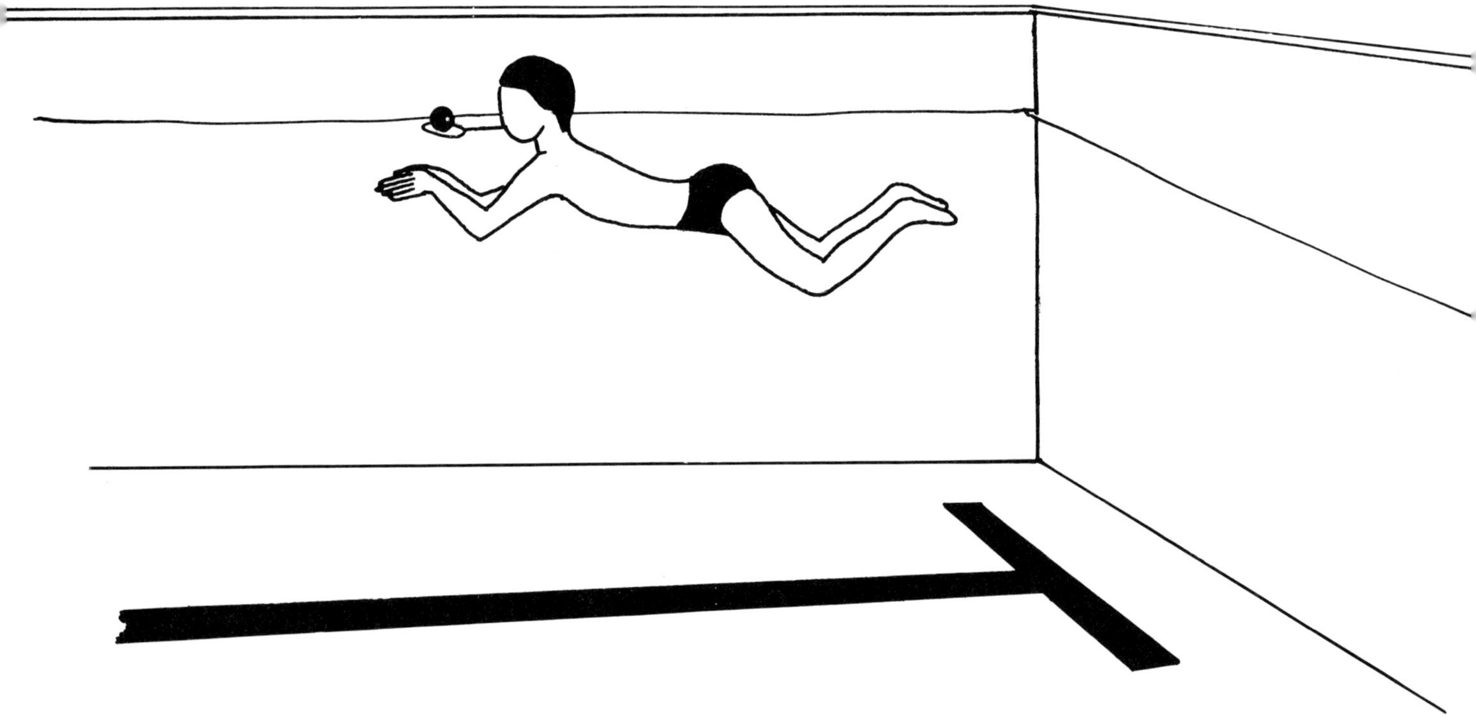

Nummernschwimmen

Je nachdem wieviele Mitspieler da sind, teilt man die Schwimmer in zwei, drei oder sogar vier Gruppen auf.

Die Gruppen stellen sich in Reihen auf, jede steht parallel zur anderen. Nun werden die Spieler durchnumeriert – je nach Anzahl zum Beispiel 1–6.

Der Spielleiter steht außerhalb des Wassers und ruft eine beliebige Nummer von 1–6 auf, zum Beispiel »4«. Jeweils der Spieler einer Gruppe, der diese Nummer hat, schert sofort aus der Reihe aus, schwimmt einmal um seine Gruppenreihe herum und wieder zurück auf seinen Platz. Wer zuerst wieder an seinem Platz angekommen ist, dessen Gruppe bekommt einen Pluspunkt.

Gespielt wird, solange die Schwimmer Spaß haben und die Kondition ausreicht. Dann werden die Gruppenergebnisse verglichen. Die Gruppe mit den meisten Punkten darf sich ein neues Spiel wünschen.

Umzingelt

Die Spieler bilden im brusthohen Wasser einen Kreis. Innerhalb des Kreises schwimmt ein weiterer Spieler. Die Kreisspieler werfen sich einen Ball zu. Der einsame Schwimmer im Kreis muß den Weg des Balles genau beobachten und muß unbedingt auch die Spieler selbst im Auge behalten! Denn plötzlich versucht ein Kreisspieler den Schwimmer mit dem Ball zu treffen. Gelingt ihm das, tauscht er mit dem Schwimmer Platz. Gelingt es aber dem Schwimmer, sich durch eine geschickte Bewegung oder durch Untertauchen vor dem Abschuß zu schützen, so erhält er einen Punkt. Sollte es der Schwimmer schaffen, drei Abschußversuche hintereinander unbeschadet zu überstehen, hat er gewonnen und darf einen beliebigen Mitspieler auswählen, der nun seine Rolle übernehmen muß.

Die Gegenstromanlage

Eine Gegenstromanlage ist der Wunsch vieler Schwimmbadbesitzer. Man schwimmt dabei gegen die künstliche erzeugte Strömung und kann so ein kleines Schwimmbecken besser ausnützen. Wer so eine Anlage nicht besitzt, erzeugt eben seinen eigenen Gegenstrom auf ganz simple Weise selbst:

Beim »Gegenstrom-Schwimmen« stoßen die Beine den Körper, wie beim normalen Schwimmverlauf, nach vorne, die Arme allerdings stoßen den Körper rückwärts. Man benötigt etwas Übung, bis man sich auf diese neue Schwimmweise eingestellt hat, aber es funktioniert vorzüglich.

Fische und Fischer

Alle Spieler bewegen sich frei im Wasser. Die Hälfte der Spieler sind »Fische«. Sie tragen alle ein gemeinsames Erkennungszeichen, zum Beispiel weiße Badekappen. Die übrigen Spieler sind die Fischer. Der Spielleiter steht außerhalb des Wassers. Er ruft den Spielern einen beliebigen Satz zu. Beispiel: »Die Spinne hat acht Beine.« Ist die Aussage das Satzes richtig, müssen die Fischer die Fische fangen. Ist die Behauptung falsch, fangen die Fische die Fischer. Einfaches Abschlagen gilt als Fangen.

Wenn dem Spielleiter nicht genügend Behauptungen einfallen, behilft er sich mit einfachen Rechenaufgaben. Ist das Ergebnis eine gerade Zahl, fangen die Fischer die Fische, ist das Ergebnis eine ungerade Zahl gehts andersrum.

Perlentauchen

Kleine Steine werden in Alufolie gewickelt, gezählt und ins Wasser geworfen. Der Spielleiter gibt das Startzeichen und die Perlentaucher stürzen sich ins Wasser und versuchen, so viele »Perlen« wie möglich einzusammeln. An Land werden die Perlen in Punkte umgerechnet zusammengezählt. Die zweite Runde findet dann schon in etwas tieferem Wasser statt.

Spätestens nach fünf Runden haben die Perlentaucher Feierabend. Jeder Taucher addiert die Punkte aus jeder Runde und so wird der Perlensieger schnell ermittelt.

Wasserkreisel

Die Spieler bilden einen Kreis und fassen sich an den Händen. Das Wasser sollte den Spielern etwa bis zum Bauch reichen.

Ein Läufer und ein Fänger werden bestimmt. Der Fänger steht außerhalb des Kreises, der Läufer reiht sich im Kreis der übrigen Spieler ein.

Auf ein Startzeichen hin versucht der Fänger, den Läufer zu erwischen. Die Kreisspieler versuchen das aber natürlich zu verhindern, indem sie so schnell sie können im Kreis laufen, und dabei gegebenenfalls die Richtung ändern.

Schatzsuche

(im See oder am Meerufer)

Zehn Steine werden in Alufolie gewickelt und von der Mannschaft A im Grund verbuddelt. Jede Buddelstelle wird mit einer Muschel, einem Steinchen oder einem Hölzchen markiert. Gemeinerweise darf die Gruppe A noch fünf weitere Buddelstellen markieren, an denen kein Schatz vergraben wird.

Das Schatzgebiet muß genau begrenzt sein, sonst wird die Suche zu schwierig.

Die Mannschaft A begibt sich wieder ans Ufer und stoppt die Zeit, wie lange Mannschaft B zum »Heben« der zehn Schätze braucht. Dann wird gewechselt und Gruppe B darf die Schätze verbuddeln. Am Schluß werden die Zeiten verglichen. Gesiegt hat natürlich die Gruppe, die zum Schatzsuchen weniger Zeit braucht.

Tauziehen in Booten

Die Spieler werden in zwei gleichgroße Gruppen eingeteilt. Jede Gruppe besteigt ihr Boot. Von jeder Gruppe wird ein Teilnehmer bestimmt, der sich ganz hinten ins Boot auf den Bauch legt und seinem Kollegen im anderen Boot fest die Hand gibt. Auf ein Startzeichen hin rudern die übrigen Teilnehmer mit Händen und Füßen in ihre Fahrtrichtung und versuchen so, das gegnerische Boot über eine vorher bestimmte Ziellinie zu ziehen.

Ballkampf

Das Schwimmbecken wird in zwei gleichgroße Hälften geteilt (zum Beispiel eine Schnur spannen, die auf der Wasseroberfläche liegt). Die Spieler treten in zwei Gruppen gegeneinander an.

In jede Spielfeldhälfte werden gleichviele Bälle oder Tischtennisbälle geworfen. Auf ein Startzeichen hin versucht nun jede Gruppe ihr Spielfeld von den Bällen zu »säubern«. Dazu werfen die Spieler die Bälle in das Feld der gegnerischen Mannschaft. Nach etwa drei Minuten wird abgepfiffen. Jede Gruppe zählt nach, wieviele Bälle sich jetzt in ihrem Spielfeld befinden. Die Gruppe mit den meisten Bällen im Spielfeld hat verloren.

Schwimmkönig

Zuerst wird ausgelost wer »König« sein darf.

Der König begibt sich ins Wasser, sein »Hofstaat« folgt im Abstand von etwa drei Metern.

Die Aufgabe der Untertanen besteht darin, ihrem König alles nachzumachen. Seine Majestät schwimmt vielleicht einige Züge Brust, macht dann eine Rolle vorwärts, liegt dann eine Weile als »Toter Mann« oder besser »Toter König« auf dem Wasser usw....

Das gehorsame Volk macht alles nach. Ist der König auf diese Weise einmal durch das Becken – oder in freiem Gewässer bis zu einem bestimmten Punkt – geschwommen, darf er einen beliebigen Schwimmer aus dem Volk zu seinem Nachfolger bestimmen.

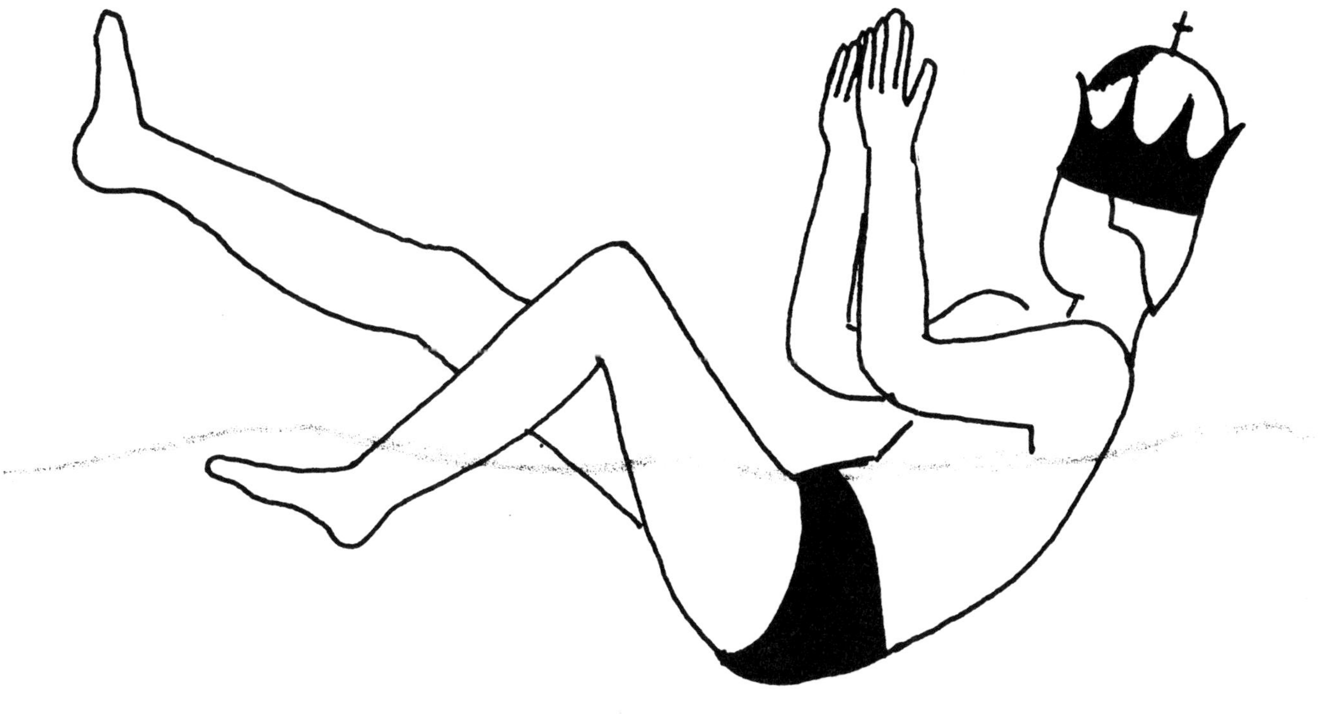

Trefferball

Trefferball können schon zwei Spieler miteinander spielen, aber auch ganze Schulklassen haben Spaß an diesem Spiel. Wir brauchen einen möglichst großen Schwimmreifen und einige alte Tennisbälle. Die Spieler stehen am Ufer, der Reifen schwimmt in einigen Metern Entfernung auf dem Wasser. Nun wirft jeder Spieler seine Bälle so, daß sie innerhalb des Schwimmringes auf dem Wasser auftreffen. Für jeden Treffer erhält der Werfer einen Punkt. Spielen zwei Gruppen gegeneinander, so werfen immer nur die Spieler einer Gruppe, während es den anderen Spielern erlaubt ist, Wellen zu schlagen, so daß das Treffen erschwert wird. Die Treffer einer Gruppe werden addiert und aufgeschrieben. Dann ist die gegnerische Gruppe an der Reihe. Nach jeder Runde werden die Ergebnisse verglichen.

Variante:
Ein Spieler hält einen anderen mit beiden Händen am Kopf fest und schwimmt so auf dem Rücken durch das Becken. Der »Abgeschleppte« zieht den Schwimmring hinter sich her. Die übrigen Spieler stehen am Beckenrand und versuchen, ihre Bälle in das bewegte Ziel zu werfen. Die Treffer werden gezählt. Wem gelingt es, den Mitschwimmer mit Ring so schnell durch das Becken zu schleppen, daß kein Ball im Schwimmring landet?

Im U-Boot nach Jerusalem

Ähnlich wie das bekannte Spiel »Die Reise nach Jerusalem« verläuft dieses Tauchspiel.

Die Spieler tummeln sich im Wasser oder schwimmen nach Anweisung des Spielleiters zur Musik im Kreis.

Auf dem Grund liegen soviele Tauchringe oder ersatzweise Steine die man in Alufolie verpackt hat, wie Spieler teilnehmen.

Der Spielleiter schaltet plötzlich die Musik aus. Nun muß jeder Spieler einen Stein herauftauchen. Jetzt nimmt der Spielleiter einen Stein weg, die übrigen werden wieder versenkt. Die Musik ertönt von neuem und die Spieler schwimmen umher. Bei der nächsten Unterbrechung tauchen die Schwimmer wieder nach den Steinen. Jetzt wird aber einer leer ausgehen. Der scheidet aus und assistiert dem Spielleiter. Der Spielleiter nimmt für die nächste Runde einen weiteren Stein an sich, so daß auf dem Grund immer ein Stein weniger liegt, als aktive Mitspieler da sind. So wird weitergespielt, bis am Schluß nur noch der Sieger übrigbleibt.

Babylonisches Wasserspiel

Zwei Gruppen spielen gegeneinander. Leere Dosen, z. B. gut verschlossene Kaffeedosen, schwimmen im Wasser. Von jeder Gruppe springt ein Mitglied ins Wasser, faßt so viele Dosen wie möglich, klettert heraus und baut an einer vorher markierten Stelle einen Gruppenturm.

Nach ca. 10 Minuten wird gestoppt. Wer den höchsten Turm hat, gewinnt.

Variationen:

Tauchspiel: Die Dosen sind mit Wasser gefüllt Jede Gruppe hat Dosen unterschiedlicher Farbe aus dem Wasser zu holen.

Anmerkung:
Bei jeder Spielweise ist darauf zu achten, daß immer nur ein Mitglied der Gruppe im Wasser ist.

Beim Tauchspiel empfehlen wir, jeden Teilnehmer nur einmal tauchen zu lassen, da sich die Spieler im Wettkampf oft übernehmen und dadurch Unfallgefahr entstehen kann. Das Spiel endet bei dieser Variante also mit dem letzten Spieler der Riege.

Unternehmen »Hängebrücke«

Die Spieler stehen sich im knietiefen Wasser in zwei Reihen gegenüber.

Die Spieler reichen ihrem jeweiligen Gegenüber beide Hände. Ein Mutiger versucht nun, die Hängebrücke liegend zu überwinden und legt sich vorsichtig auf die Arme der Mitspieler. Die Spieler heben und senken nun die Arme und schubsen den Brückenüberquerer auf diese Art vorwärts. Am Brückenende angekommen, landet er aber dann doch zwangsläufig im Wasser.

Kreistauchen

Die Spieler stehen im etwa hüfthohen Wasser im Kreis.

Ein Spieler befindet sich in der Kreismitte und läßt ein dünnes Seil dicht über die Köpfe der Mitspieler kreisen. Wenn das Seil naht, müssen die Spieler sofort untertauchen, um nicht vom Seil berührt zu werden. Dann heißt es sofort wieder aufzutauchen, um die Bewegung des Seils mitzuverfolgen, bis man wieder selbst untertauchen muß.

Manchmal ist es zweckmäßig, an das eine Ende des Seils, das über die Spieler hinwegsaust, eine Badekappe zu befestigen und das Seilende auf diese Weise zu beschweren. So läßt sich das Seil besser schwingen.

Wasserrennen

Zwei Grupen spielen gegeneinander. Die Spieler stehen in zwei Riegen hintereinander.

Auf ein Startzeichen hin schwimmen die beiden ersten etwa drei Meter weit und bleiben dann in Bockstellung stehen. Sofort schwimmen die zweiten Spieler los, springen über den ersten Spieler hinweg und bleiben etwa zwei Meter von diesem in Grätschstellung stehen. Der dritte Spieler muß nun erst schwimmen, dann über den ersten Spieler springen, dann zwischen den Beinen des zweiten Spielers hindurchtauchen und wieder etwa zwei Meter entfernt in Bockstellung stehenbleiben.

So geht das Spiel weiter, bis alle Spieler jeder Gruppe einmal drankamen. Wer will, kann ein Wettspiel daraus machen. Gewonnen hat die Gruppe, deren Spieler zuerst in Bock- oder Grätschstellung hintereinander stehen.

Wanderball

Die Spieler stehen mit gegrätschten Beinen hintereinander.

Ein kleiner Ball wandert vom ersten Spieler über die Köpfe der dicht hintereinanderstehenden Spieler bis zum letzten Mitspieler. Dieser taucht nun mit dem Ball durch die gegrätschten Beine der Spieler hindurch, stellt sich als erster wieder in der Reihe auf und gibt wieder den Ball rückwärts weiter.

Wenn genügend Spieler vorhanden sind, kann man auch ein Wettspiel von zwei Gruppen veranstalten. Gewonnen hat dann die Gruppe, die zuerst wieder in der gleichen Formation dasteht, wie am Anfang.

Achtung:

Auch für dieses Spiel ist es wichtig, daß ein Erwachsener das Spielgeschehen leitet und überwacht.

Wasserkarussell

Die Spieler bilden einen Kreis und fassen sich fest an den Händen.

Nun beginnen alle gemeinsam, so schnell es geht im Kreis zu laufen. Ist das Karussell in Fahrt gekommen, legt sich auf ein Zeichen des Spielleiters jeder zweite Spieler (bitte vorher festlegen) auf den Rücken und läßt sich so von den Mitspielern durchs Wasser ziehen. In der nächsten Runde dürfen sich die anderen Spieler ziehen lassen.

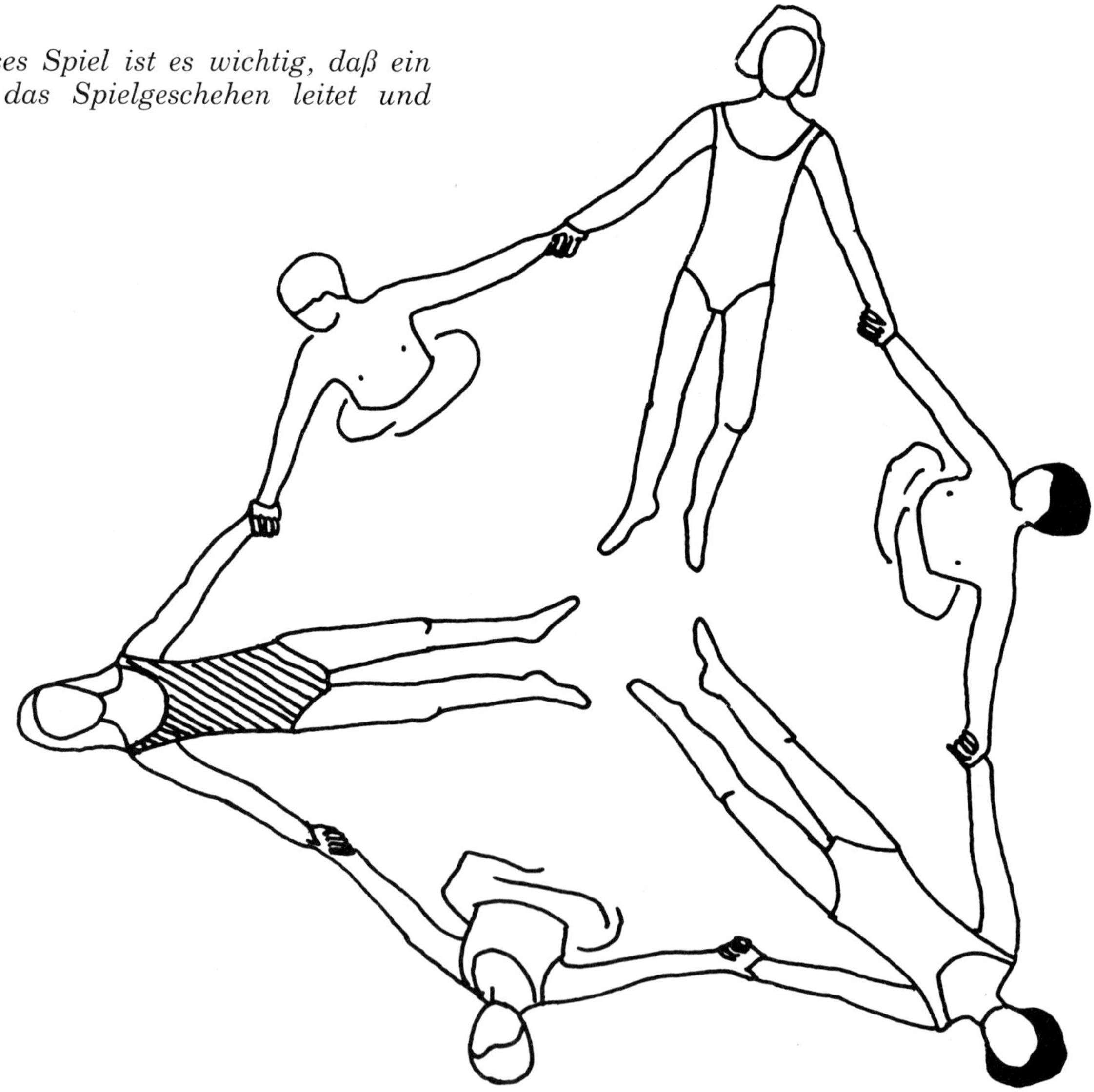

Wasserbomben

Die Spieler stehen nebeneinander am Beckenrand, den Rücken zum Wasser gekehrt.

Nun umfassen sie die Fußgelenke ihrer Nachbarn und lassen sich auf das Startzeichen hin gemeinsam rückwärts ins Becken fallen.

Variation: Domino

Der erste Spieler läßt sich fallen, zieht so den zweiten mit, der wiederum den dritten Spieler mit sich, usw.

Achtung:

Bitte stets, besonders in öffentlichen Schwimmbädern, achtgeben, daß sich keine weiteren Schwimmer in der »Hineinfall-Zone« befinden! Am sichersten ist es, wenn ein Spieler am Beckenrand steht und das Kommando gibt.

Wasserball

Selbstverständlich darf in einer Sammlung von Wasserspielen das berühmteste, nämlich »Wasserball« nicht fehlen.

Spielfeld:

Bei internationalen Begegnungen und Spielen der Bundesliga muß das Spielfeld 30 × 20 m groß sein. Die Wassertiefe darf nirgends 1,80 m unterschreiten. Auf allen anderen Ebenen kann von diesen Maßen abgewichen werden. Am Beckenrand müssen Markierungen für die Torlinie, die 2 m- und 4 m-Linien und die Mittellinie vorhanden sein.

Für Jugend-C- und Frauenmannschaften betragen die Höchstmaße 25 × 16 ⅔ m. Abmessung der Tore: 0,90 × 3,0 m.

Mannschaften:

Jede Mannschaft (eine mit weißen, eine mit dunkelblauen, die Torwarte mit roten Kappen) besteht aus sieben Spielern; dazu kommen sechs Austauschspieler. Ein Spieler muß die Rolle des Mannschaftskapitäns übernehmen.

Spielzeiten:

4 × 7 Minuten effektive Spielzeit mit je zwei Minuten Pause (Jugend C: 4 × 5 Minuten).

Ball:

Umfang ca. 70 cm, Gewicht ca. 400–450 g, Material Kunststoff

Kampfgericht:

Bei Spielen auf hoher Ebene muß das Kampfgericht aus zwei Schiedsrichtern, zwei Torrichtern, zwei Zeitnehmern und zwei Sekretären bestehen. In allen anderen Fällen muß das Kampfgericht aus mindestens einem Schiedsrichter, einem Sekretär, einem Zeitnehmer und zwei Torrichtern bestehen, deren Aufgabe ggf. auch vom Schiedsrichter übernommen werden kann.

Schiedsrichter haben die unbeschränkte Machtbefugnis über das Spiel. Ihre Entscheidungen sind endgültig, und ihrer Auslegung der Regeln muß für die Dauer des Spiels Folge geleistet werden. Der Schiedsrichter kann aber auch die Anzeige eines Regelverstoßes unterlassen, wenn dadurch ein Vorteil für die schuldige Mannschaft entstehen könnte.

Die Zeitnehmer nehmen vor allem die Zeit des tatsächlichen Spiels (4 × 7 Minuten) und der Pausen (2 Minuten) und die Zeit des ununterbrochenen Ballbesitzes (max. 35 Sekunden) einer Mannschaft.

Die Torrichter zeigen einen Torgewinn, Torabwurf oder Eckwurf an.

Die Sekretäre führen das Spielprotokoll und notieren Tore und schwere Fehler.

Die Regeln für Torgewinn, Torabwurf und Eckwurf unterscheiden sich nicht wesentlich von denen anderer ballspielender Verbände.

Fehler:

Es muß unterschieden werden zwischen

- einfachen Fehlern
- schweren Fehlern
- persönlichen Fehlern.

Als einfache Fehler sind für die gegnerische Mannschaft mit einem Freiwurf u. a. zu ahnden:

- sich irgendwie festzuhalten oder abzustoßen
- während des Spiels auf dem Boden zu stehen oder zu gehen
- den Ball unter Wasser zu halten, wenn der Spieler angegriffen wird
- mit der Faust nach dem Ball zu schlagen
- den Gegner in der Bewegung zu hindern
- den Ball mit beiden Händen gleichzeitig berühren
- einen Gegner zu stoßen
- den Ball länger als 35 Minuten zu halten, ohne auf das gegnerische Tor zu schießen.

Nach dem Freiwurf muß mindestens ein weiterer Spieler den Ball spielen oder berühren, ehe ein Tor erzielt werden kann.

Zu den schweren Fehlern (persönlichen Fehlern) gehört u. a.:

- einen Gegner, der den Ball nicht hält, festzuhalten, unterzutauchen oder zurückzuziehen
- einen Gegner roh zu behandeln
- innerhalb des 4 m-Raumes einen Fehler zu begehen, der ein wahrscheinliches Tor verhindert
- einen Gegner ins Gesicht zu spritzen
- gegen einen Kampfrichter ausfällig zu werden.

Der schuldige Spieler wird für 35 Sekunden aus dem Wasser gewiesen. Begeht ein Spieler seinen dritten schweren Fehler, wird er für den Rest des Spieles aus dem Wasser gewiesen. Ein Austauschspieler darf in das Spiel eintreten.

Bei bestimmten schweren Fehlern (z. B. Treten des Gegners, brutalem Spiel, Fehler innerhalb des 4 m-Raumes) muß ein Strafwurf von der 4 m-Linie aus angeordnet werden.

Quelle: Wettkampfbestimmungen Deutscher Schwimm-Verband, Heft 3 – Wasserball

Tratzball

Zwei Spieler stehen sich im Wasser im Abstand von etwa drei bis fünf Metern gegenüber. Zwischen ihnen steht ein dritter Spieler. Die beiden äußeren Spieler werfen sich nun einen Ball zu. Der Spieler in der Mitte versucht den Ball zu fangen. Sobald ihm das gelingt, tauscht er seinen Platz mit dem Platz des Spielers, der den Ball geworfen hat.

Tauchgemeinschaft

Ein Spieler taucht so weit er kann. Der nächste Spieler taucht von der Stelle aus weiter, an der sein Vordermann auftauchte. So wird die Tauchkette fortgesetzt bis alle Spieler einmal an die Reihe kamen. Es geht bei diesem Spiel nicht um Schnelligkeit, sondern um Ausdauer. Wie weit konnten wir gemeinsam tauchen?

Ist es möglich, in der zweiten Runde noch weiter zu kommen?

Wenn genügend Mitspieler vorhanden sind, kann man dieses Spiel auch als Wettkampf durchführen. Die Spieler bilden zwei gleichgroße Gruppen (eventuell muß ein Spieler zweimal tauchen). Nun wird getaucht wie oben beschrieben. An der Stelle, an der der erste Spieler auftaucht, springt der nächste ins Wasser, taucht ebenfalls so weit er kann, usw... Welche Gruppe schafft die längere Strecke?

Tauchen um die Wette

Drei Schotten wetten untereinander, wer am längsten untertauchen kann. Wer die Wette gewonnen hat? Das steht noch nicht sicher fest, da bislang keiner aufgetaucht ist.

Dieses Wett-Tauchen also bitte mit weniger ehrgeizigen Spielern durchführen!

Fische im Netz

Die Spieler werden in zwei ungleich große Gruppen eingeteilt. Die größere Gruppe, etwa drei Viertel aller Spieler bilden das Fangnetz. Die kleinere Gruppe sind die Fische, die sich im Wasser tummeln.

Die »Netzspieler« stehen in einer Reihe und fassen sich an den Händen. Nun bewegt sich das Netz langsam auf die Fische zu in der Absicht sie einzukreisen. Natürlich versuchen die Fische vor dem Netz zu fliehen. Wer aber gefangen wird, reiht sich in das Netz ein. So wird das Entkommen für die übrigen Fische immer schwieriger.

Es ist ratsam vor Spielbeginn den »Fischteich« abzustecken, damit die Arbeit für die Netzspieler nicht zu anstrengend wird.

Streichhölzer baden

Was haben Streichhölzer und die meisten Kinder gemeinsam? Sie waschen sich nicht gerne mit Seife und lieben Süßigkeiten!

Glauben Sie nicht? Dann probieren Sie bitte folgendes aus:

In einen tiefen Teller, der mit Wasser gefüllt wurde, legt man sternförmig etwa 10 Streichhölzer. Nun schneidet man von einem Stück Seife ein kleines kegelförmiges Stückchen ab und taucht es in der Tellermitte ein. Sofort ergreifen die Streichhölzer die Flucht und rutschen zum Tellerrand. Nun taucht man in der Tellermitte statt der Seife ein Stück Würfelzukker ein und – siehe da – die naschhaften Streichhölzer kommen wieder angeschwommen!

Wer kann das?

Wer kann vom Beckenrand (vom 1-Meter-Brett, von einer Luftmatratze) so ins Wasser springen, daß er mit dem Kopf nicht untertaucht?

Wer kann ins Wasser springen, beim Absprung einen Ball hochwerfen und ihn vor dem Eintauchen wieder auffangen?

Wer erfindet einen originellen Sprung?

Wer kann vom 1-Meter-Brett springen und einen ihm zugeworfenen Ball fangen?

Wer kann vom 1-Meter-Brett springen und einen ihm zugeworfenen Ball mit dem Fuß wegkicken?

Wer erfindet einen Sprung, bei dem es möglichst hoch spritzt?

Wer kann einen Gegenstand ins Wasser werfen, ihm nachtauchen und ihn auffangen, bevor er auf dem Grund angekommen ist?

Unterwasserrad

Ein Spiel nur für sehr gute Schwimmer.

Zwei Spieler fassen sich unter Wasser gegenseitig an den Fußgelenken. So bilden sie ein Rad. Zwei Mitspieler helfen, das Rad in Schwung zu bekommen.

Wie lange können die Spieler, die das Unterwasserrad bilden, die Luft anhalten? Wie oft kann sich das Rad drehen?

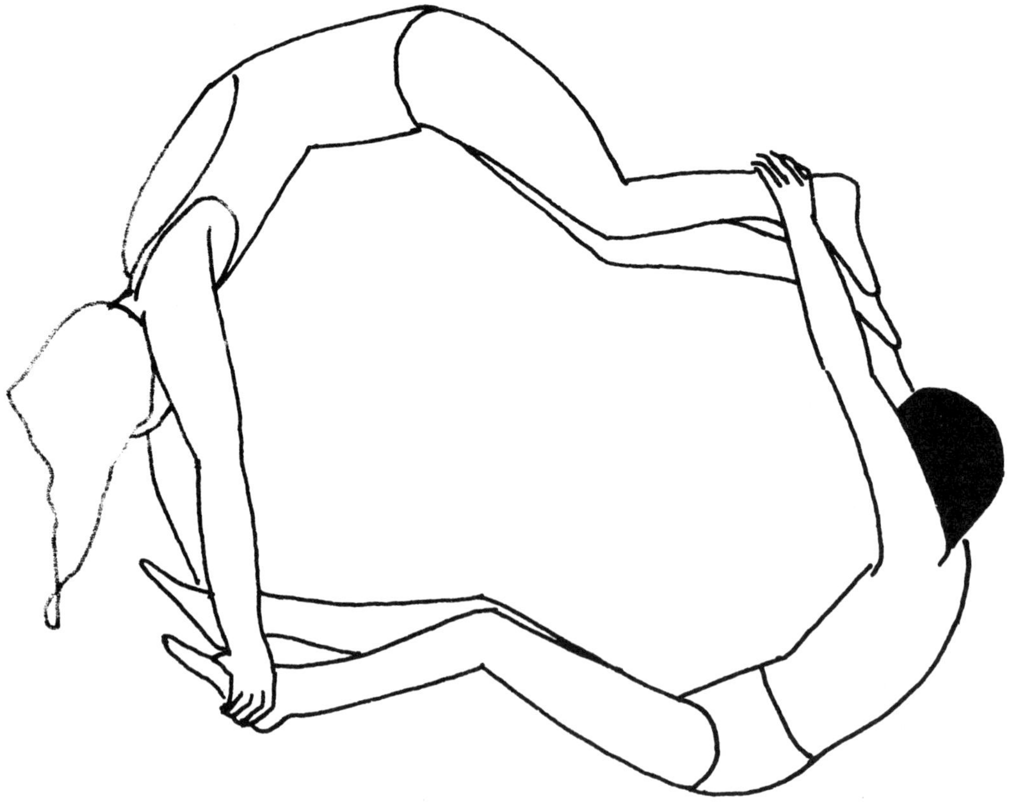

Schwimmen im Dreiviertel-Takt

Gute Schwimmer schwimmen ganz ruhig und gleichmäßig. Menschen, die sich darüber beklagen, daß sie keine weiten Strecken schwimmen können, haben in den meisten Fällen nur Schwierigkeiten mit dem Rhythmus.

Schwimmen zur Walzermusik macht nicht nur Spaß, wirkt auch gerade durch den gleichmäßigen Rhythmus entspannend und harmonisch. Einfach mal ausprobieren!

Es muß ja nicht unbedingt »An der schönen blauen Donau« sein.

Wilde U-Boot-Jagd

Ein Spieler bekommt eine Bademütze aufgesetzt. Dieser Spieler ist fortan das »U-Boot« und wird von den Mitspielern durchs Wasser gejagt. Das U-Boot ist erobert, wenn es einem Mitspieler gelingt, ihm die Badekappe vom Kopf zu schnappen. Das U-Boot kann sich durch Untertauchen vor Angriffen schützen. Wer die Badekappe erobert hat, darf einen anderen Spieler oder sich selbst für die Rolle des nächsten U-Bootes bestimmen.

Neues aus der Presse

Die Spieler treten in zwei Gruppen gegeneinander an. Jede Gruppe erhält einen Bogen Zeitung oder eine Seite einer Illustrierten. Die Gruppenmitglieder überfliegen gemeinsam den Text und überlegen sich zu einem Artikel eine beliebige Frage, zum Beispiel: »Welches Tier befand sich vorgestern Nacht auf der Autobahn?« Die Gruppe wählt einen beliebigen Spieler der Gegenpartei aus, übergibt ihm die Zeitung und stellt ihm die Frage. Der Spieler muß sich mit der Zeitung ins Wasser stürzen, lesend – vorzugsweise in Rückenlage – zu einem vorher festgelegten Punkt schwimmen und wieder zur Gruppe zurück.

Dort angekommen sollte er die Lösung des Zeitungsrätsels nennen können.

Stimmt die Lösung, erhält seine Gruppe einen Punkt.

Spiele am Wasser

Für Kinder gibt es kaum ein größeres Vergnügen, als am Wasser zu spielen. Denken Sie aber daran, daß Wasser gerade für kleine Nichtschwimmer eine Gefahr darstellt.

Darum:

- Lassen Sie Kinder nie unbeaufsichtigt am Wasser spielen. Auch Plantschbecken können für die Kleinen schon lebensgefährlich sein! Kinder, die noch nicht schwimmen können, sollten – auch wenn ein Erwachsener dabei ist – stets Schwimmgürtel oder Schwimmflügel tragen!
- Nicht benutzte Plantschbecken bitte immer auskippen und umdrehen!
- Regentonnen kindersicher abdecken!
- Auf sogenannte Schwimmhilfen wie Schwimmringe, Bälle, Luftmatratzen ist kein Verlaß. Lassen Sie Kinder, die noch nicht schwimmen können damit nie allein!
- Wenn Sie mit fremden Kindern zum Baden gehen, fragen Sie immer die Eltern, nicht die Kinder (!), ob sie schwimmen können oder nicht!

Muschelroulette

Für dieses Spiel müssen die Spieler zuerst mal auf Muschelschalensuche gehen. Sind genügend Muschelschalen gefunden worden, so sucht man sechs Stück aus, die sich sehr, sehr ähnlich sind.

Der Spielleiter setzt die Muscheln in den Sand und steckt für jeden sichtbar unter eine Muschel einen Schatz, z. B.: ein Steinchen oder eine Münze. Nun verschiebt der Spielleiter die Muschelschalen so oft und so lange er will. Die Mitspieler versuchen, die Schatzmuschel nicht aus den Augen zu verlieren.

Nun fragt der Spielleiter die Mitspieler, unter welcher Muschel nun der »Schatz« liegt. Die Mitspieler dürfen nun ihren Einsatz (Münzen, Bonbons, ...) neben die Muschel setzen, von der sie meinen, daß es sich um die »Schatzmuschel« handelt. Nachdem jeder gesetzt hat, wird eine Muschel nach der anderen aufgedeckt. Wer richtig gesetzt hat, erhält den Einsatz der Verlierer als Gewinn. Sind mehrere Gewinner da, wird der Einsatz aufgeteilt.

Blindlauf am Strand

In den Sand wird ein Kreis von ungefähr einem Meter Durchmesser »gezeichnet«.

Die Spieler stehen etwa 5–10 Meter vom Kreis entfernt an der Startlinie. Dem ersten Spieler werden die Augen verbunden. Nun soll er »blind« so weit vorgehen, bis er meint, in der Mitte des Kreises zu stehen. Sein Standplatz wird markiert. Nun ist der nächste Spieler an der Reihe. Gewonnen hat natürlich derjenige, der dem Kreismittelpunkt am nächsten kommt.

Anmerkung:

Um zu verhindern, daß die zuletzt Startenden im Vorteil sind, da sie sich die Start-Ziel-Bahn länger einprägen konnten, läßt man die Spieler von verschiedenen Richtungen aus und in unterschiedlicher Entfernung zum Ziel starten.

Pfützen-Drücken

Wenn alle Spieler Gummistiefel anziehen, kann man auch wunderbar im Regen spielen.

Alle Spieler stellen sich im Kreis um eine Pfütze herum und geben ihrem linken und rechten Nachbarn die Hand. Nun wird gezogen und gedrückt, geschoben und geschubst, bis einer mit dem Stiefel in die Pfütze treten muß. Dieser Spieler scheidet aus. Das Spiel geht so lange weiter, bis nur noch der »Pfützensieger« übrig bleibt.

Kim

»Kim« ist ein Gedächtnisspiel. In den nassen Sand wird ein Quadrat gezeichnet, das wiederum in 16 kleine Quadrate unterteilt wird, also:
In jedes Feld wird ein Gegenstand gelegt, z. B. Muscheln, Sternchen, Münzen... Der Spieler hat nun eine halbe Minute Zeit, sich die Gegenstände genau einzuprägen. Dann muß er sich umdrehen und möglichst viele Gegenstände aus dem Gedächtnis aufzählen.

Variation

Nachdem sich der Spieler die Gegenstände eingeprägt hat, vertauschen die übrigen Spieler zwei der Gegenstände miteinander. Der Spieler darf sich wieder umdrehen, das Spielfeld genau betrachten und soll nun sagen, welche zwei Dinge den Platz getauscht haben.

Muschelwettlauf

Zwei Perlenfischer streiten sich, wem die einzige Perle gehören soll, die heute gefangen wurde. Nach einer Weile des Streitens, Schimpfens und Verprügelns hat einer der beiden eine gute Idee. Er kerbt in den nassen Sand 21 zusammenhängende Felder. In das mittlere Feld legt er die Muschel.

Nun zückt er einen Würfel und sagt: »Wir würfeln abwechselnd. Du darfst die Muschel um so viele Felder auf Dein Ziel hin versetzen, wie Du Augen gewürfelt hast. Dann bin ich an der Reihe und marschiere so viele Felder auf mein Ziel zu, wie ich Augen gewürfelt habe. Wer die Muschel zuerst in sein Ziel gebracht hat, darf sie behalten.

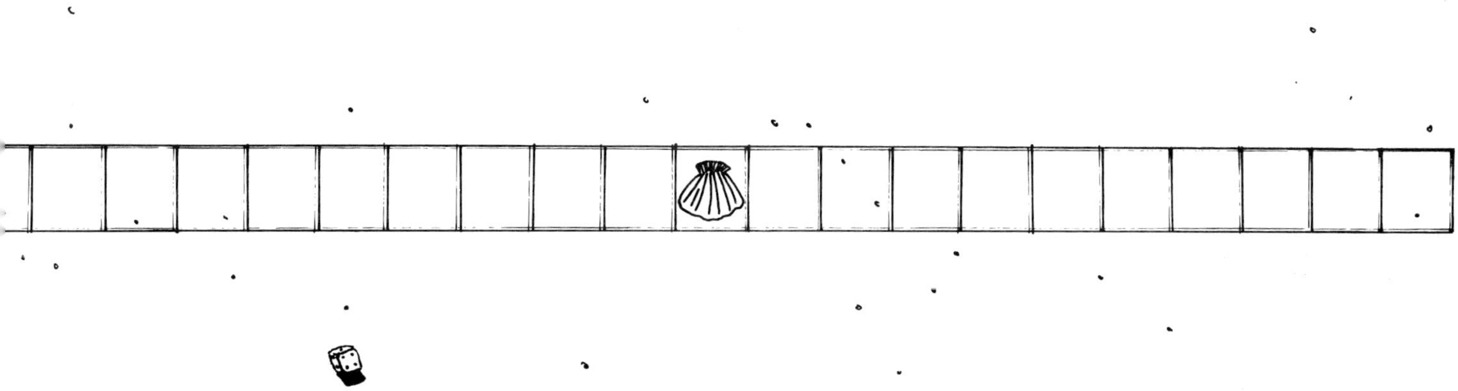

Kindersand

Joachim Ringelnatz

Das Schönste für Kinder ist Sand.
Ihn gibts immer reichlich.
Er rinnt unvergleichlich
Zärtlich durch die Hand.

Weil man seine Nase behält,
Wenn man auf ihn fällt,
Ist er so weich.
Kinderfinger fühlen,
Wenn sie in ihm wühlen,
Nichts und das Himmelreich.

Denn kein Kind lacht
Über gemahlene Macht.

Sandfallschirme

Sandfallschirme sind am Strand ein wunderbares Spielzeug für kleine Kinder. Zur Herstellung eines Fallschirmes braucht man ein kleines, quadratische Tuch, zum Beispiel ein Papiertaschentuch oder ein Stoffrestchen. Weiter benötigt man ein großes, quadratisches Stofftaschentuch und dünne Schnur.

Das kleine Tuch füllt man mit Sand und bindet es oben wie ein Säckchen zusammen, bei dem noch die Zipfel des Tüchleins herausschauen. Nun bindet man an alle vier Ecken des großen Taschentuches ein gleichlanges Stück Schnur und befestigt die Schnur an ihrem anderen Ende am Sandsäckchen.

Die Kinder werfen die Sandsäckchen möglichst hoch in die Luft. Die Säckchen segeln dann an ihren Taschentuchfallschirmen langsam wieder herab.

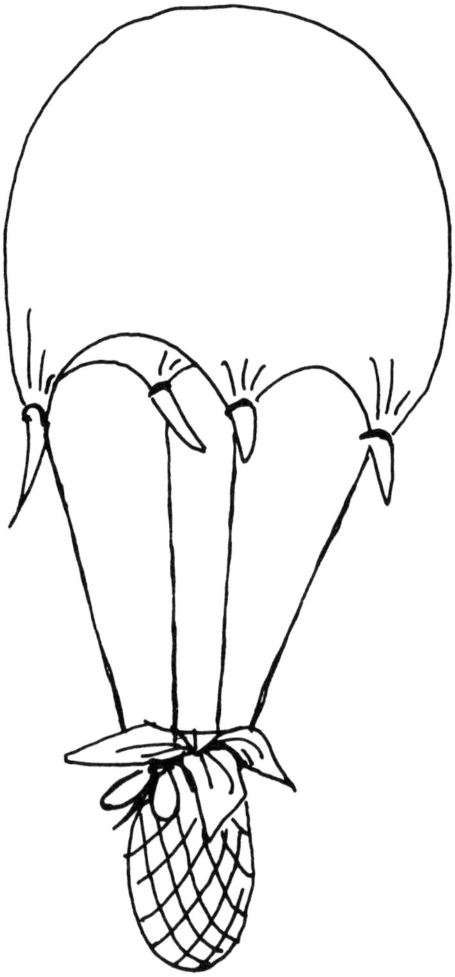

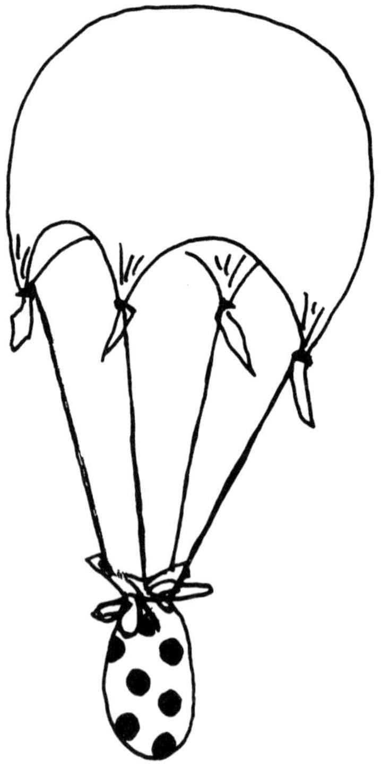

Kunst am Strand

Wer abends am Strand entlang geht, der kann die Vielfalt – vorwiegend deutscher – Sandburgenarchitekten bewundern. Mit Sand zu spielen, zu formen und zu bauen, macht nicht nur Kindern Spaß.

Als Variation sind diese Spielformen gedacht:

Sandbilder: Zuerst gehen alle Spieler gemeinsam auf Strandgutsuche. Gebraucht wird beinahe alles: Muscheln, Tang, Steinchen, Stöcke... Das Sammelgut wird zusammengetragen und wieder einigermaßen gerecht an alle Spieler verteilt. Jeder Spieler begibt sich zu einem der vorbereiteten Bilderrahmen (ein in den Sand gekerbtes Rechteck von circa 1 m × 50 cm). Dort darf jeder Spieler in einer vorgegebenen Zeit ein Bild mit seinem Strandgutmaterial gestalten.

Tropfburgen: Tropfburgen baut man mit nassem Sand, den man durch die Finger fließen läßt. Immer wieder nimmt sich der Tropfburgenarchitekt eine handvoll Sandbrei und tropft ihn auf die schon etwas angetrockneten Burgmauern. Tip: Nicht zu nahe am Wasser bauen – eine große Welle und die Burg »schmilzt« davon!

Der Sandberg

Am Strand schütten die Spieler einen kleinen Sandberg auf und klopfen ihn mit den Händen fest.

Ganz oben in die Bergspitze steckt man ein Stöckchen.

Die Spieler setzen sich im Kreis um den Sandberg herum.

Nun darf abwechselnd jeder Spieler mit einem Löffel oder einer kleinen Sandschaufel ein Stück des Sandberges abtragen. Dabei müssen sie sehr vorsichtig vorgehen, damit das Stöckchen nicht umfällt. So wird das Spiel immer spannender bis schließlich, unausweichlich, das Stöckchen doch umfällt. Der Spieler dem das passiert, muß den Sandberg für die nächste Spielrunde wieder aufbauen.

Flaschenkegeln

Jeder Spieler erhält eine leere Flasche, auf die er seinen Namen schreibt. Sollten keine Stifte bereit sein, so genügt es natürlich auch, die Flaschen irgendwie kenntlich zu machen, z. B. durch teilweises Abziehen des Etiketts, usw....

Nun werden die Flaschen mit Wasser gefüllt und nebeneinander aufgestellt. Von einer markierten Linie aus (ca. 5 m entfernt), wirft nun ein Spieler nach dem anderen mit einem Ball auf die unverschlossenen Flaschen und versucht, sie umzuwerfen. Die Spieler, deren Flaschen umgefallen sind, sausen los, um ihre Flaschen so schnell es geht, wieder aufzustellen. Gewonnen hat nämlich derjenige, in dessen Flasche sich nach der dritten Spielrunde noch das meiste Wasser befindet.

Nächtliches Wasserrennen

Dieses Spiel ist ein ganz tolles Erlebnis für alle Teilnehmer. Leider ist es sicher nicht allen möglich, das Spiel nachzuspielen, da man dazu einen gut zugänglichen Bach oder Flußlauf braucht.

Die Spieler werden in zwei Grupppen geteilt. Jeder Spieler der Gruppe A erhält ein rotes Teelicht, die Spieler der Gruppe B erhalten weiße Teelichter.

Auf ein Startzeichen hin, werden alle Lichter angezündet und zu Wasser gelassen. Die brennenden Lichter treiben jetzt flußabwärts. Die Spieler laufen zur vorher festgelegten Ziellinie.

Die ersten drei Lichter, die am Ziel ankommen, werden gewertet.

Beispiel:

Das erste Licht ist rot	=	Gruppe A erhält 3 Punkte
das zweite ist weiß	=	Gruppe B erhält 2 Punkte
das dritte ist rot	=	Gruppe A erhält 1 Punkt

Alle Teelichter werden wieder eingesammelt, gegebenenfalls neu angezündet und wieder von der Startlinie aus gemeinsam zu Wasser gelassen.

Anmerkung:

Die Spieler sollten vor Spielbeginn besprechen, ob sie auch ausgegangene Teelichter bewerten wollen!

Heißer Sand

»Heißer Sand« spielt man am besten am sandigen Meeresstrand.

Etwa 20 Meter vom Wasser entfernt markiert man mit einem Stock eine Startlinie parallel zur Wasserlinie in den Sand.

Die Spieler stehen am Start, jeder hält zwei Handtücher oder zwei Bogen Zeitungspapier in der Hand.

Auf ein Startzeichen hin rennen die Spieler so schnell es geht zum Wasser. Weil aber der Sand – zumindest in unserer Vorstellung – sehr heiß ist, darf man ihn nicht ohne Unterlage betreten. Die Spieler müssen also ein Handtuch vor sich ausbreiten, daraufsteigen, das zweite Handtuch ausbreiten, nun auf dieses Tuch steigen, das erste Handtuch wieder an sich nehmen und vor das zweite legen. Auf diese, etwas umständliche Weise, bewegen sich die Spieler »im Höllentempo« zum Wasser. Wer es zuerst erreicht, gewinnt.

Nim

Nim ist ein sehr altes chinesisches Spiel. Am Strand spielt man es so:

In den nassen Sand werden folgende Strichgruppen gezeichnet:

So einfach wie das Spiel klingt, ist es nicht!

Gerade zum Schluß ist überlegtes Vorgehen wichtig!

Die Spieler dürfen abwechselnd von *einem* Häufchen beliebig viele (oder alle) Striche löschen. Mindestens muß man also einen Strich löschen, höchstens sieben (indem man das letzte Häufchen ganz löscht).

Wer den letzten Strich löschen muß, hat verloren!

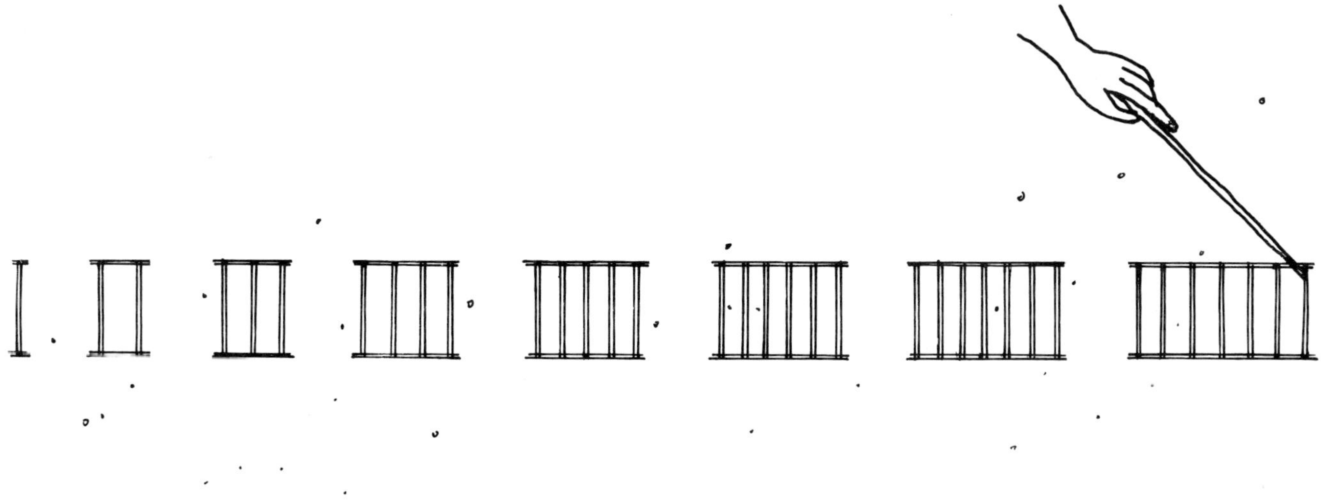

Wasserboccia

Die Spieler sitzen am Rand eines Schwimmbekkens oder auf Luftmatratzen im Wasser. Jeder Spieler erhält zwei (drei) Luftballons in einer Farbe. Die Ballons werden aufgeblasen und zugeknotet.

Der Spielleiter bläst einen Ballon, der nicht diese Farbe hat, vielleicht einen weißen, ein kleines bißchen auf und legt ihn etwa drei bis fünf Meter vom Beckenrand und den Spielern entfernt ins Wasser. Nun darf jeder Spieler abwechselnd einen Ballon vor sich ins Wasser setzen und ihn durch mehr oder weniger heftiges Beinschlagen möglichst nahe zum kleinen Ballon treiben. Dabei muß man natürlich sehr darauf achten, daß man durch den rauhen Wellengang nicht seine eigenen gut plazierten Ballons wieder abtreibt. Wenn alle Spieler auf diese Weise ihre Ballons plaziert haben, schaut der Spielleiter nach, wessen Ballon dem kleinen Luftballon am nächsten ist. Der betreffende Spieler hat gewonnen und darf in der nächsten Runde den Spielleiter ablösen.

Hüpfsteine

Dazu sucht man das Flußufer nach ganz flachen, runden Steinen ab. Die Steine werden in möglichst spitzem Winkel auf die Wasseroberfläche geschleudert. Dadurch tauchen sie nicht ein, sondern hüpfen über die Wasseroberfläche. Wer will kann die Steine auch im Wettbewerb hüpfen lassen. Dabei wird genau mitgezählt, wie oft der Stein auftrifft.

Luftballonrennen

Dieses Spiel spielt man am besten in wenig besuchten Schwimmbädern.

Jeder Spieler erhält einen Luftballon, den er aufbläst, zuknotet und seinen Namen darauf schreibt.

Die Spieler sitzen am Beckenrand und lassen den Luftballon vor sich ins Wasser. Auf das Startzeichen hin strampelt nun jeder so stark es geht, um seinen Ballon möglichst weit in das Becken zu treiben. Nach etwa einer Minute wird abgepfiffen. Welcher Ball ist nun am weitesten gekommen?

Schildkrötenfangen

Etwa 20 m vom Wasser entfernt schlüpfen Wasserschildkröten aus ihren Eiern.

Ihrem Instinkt folgend krabbeln sie, auf allen Vieren natürlich, aufs Wasser zu.

Aber leider lauert zwischen Schlupfort und dem rettenden Wasser ein gefürchteter Schildkrötenfänger.

Allzu beweglich ist er aber auch nicht, da ihn Schwimmflossen am Laufen hindern. Gelingt es ihm, eine Schildkröte zu fangen, wird auch sie zum Jäger. Die Schildkröten, die wenigstens mit den Fingerspitzen das Wasser berühren können, sind gerettet. Aber – in der zweiten Spielrunde wird das Entkommen noch schwieriger, da es nun mindestens zwei Jäger sind.

Steintürmchen

An Flußufern findet man geeignete flache Steine, um damit Türmchen zu bauen. Nebeneinander werden drei Steintürme, bestehend aus jeweils vier bis sechs Steinen, aufgebaut. Aus einigen Metern Entfernung darf dann auf die Türme geschossen werden. Ein Turm gilt erst als getroffen, wenn alle Steine (also auch der unterste) aus ihrer Position geschossen wurden. Je nach Alter und Geschicklichkeit der Spieler kann man zuvor festlegen, wieviele Schüsse jeder »frei« hat. Sonst zählt man einfach die Anzahl der Schüsse, die der Spieler benötigt, um alle drei Türmchen umzuwerfen.

Achtung:

Vor Beginn des Wettschießens darauf achten, daß niemand in die Schußbahn gerät!

Muscheln

In den nassen Sand werden zwei Linien im Abstand von drei Metern eingezeichnet: Die Abwurflinie und die Ziellinie.

Die Spieler stehen hinter der Abwurflinie. Jeder Spieler wird mit drei Muscheln ausgestattet.

Die Spieler dürfen in jeder Runde nur eine Muschel werfen. Sie versuchen mit ihrer Muschel, möglichst nah an die Ziellinie zu gelangen. Wer über diese Linie hinaustrifft, dessen Muschel ist verloren. Wessen Muschel der Ziellinie am nächsten ist, darf alle anderen Muscheln einkassieren.

Spiele mit Wasser

Hochseefischerei

Zunächst werden einige Angeln benötigt: An einem Stock befestigt man eine Schnur und an deren unterem Ende einen größeren Haken. Außerdem braucht man ein möglichst großes Kinderplanschbecken oder eine alte Badewanne. Im Wasser schwimmen gleichgroße Holzbrettchen mit einer Öse an der Oberseite. Klar, daß der Haken in die Öse passen muß.

Nun kann das Spiel auch schon beginnen. Jeder Spieler angelt sich so viele Klötzchen, wie möglich. Auf der Unterseite der Klötzchen stehen verschiedene Zahlen von 0–5. Sind alle Klötzchen geangelt, addiert jeder Spieler die Zahlen auf seinen »Fischen«. Wer die höchste Punktzahl erreicht hat, gewinnt.

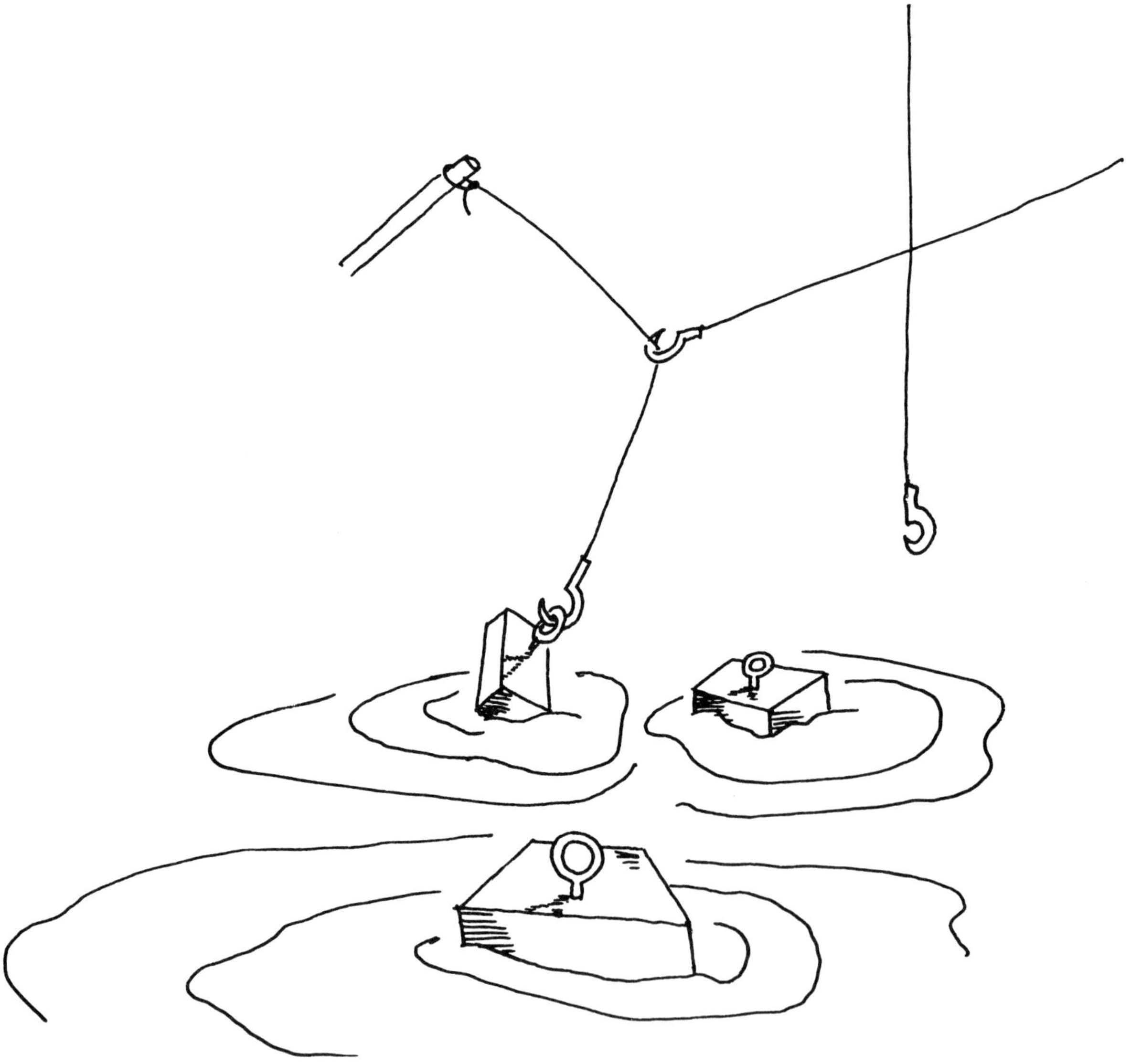

Apfelessen

Wasserspiele machen hungrig. Darum laden wir zum vergnügten Apfelessen – selbstverständlich mit viel Wasser – ein.

Für jeden Spieler wird eine Schüssel aufgestellt, die man mit Wasser füllt. In jede Schüssel legt man einen Apfel und schon kann's losgehen. Die Äpfel dürfen nur ohne Zuhilfenahme von Händen oder gar Füßen gegessen werden!

Wasser-Rallye

Je nach den Gegebenheiten wird auf einer Wiese oder auf einer Terrasse ein kleiner Parcour aufgebaut. Jeder Spieler bekommt am Start einen mit Wasser voll gefüllten Becher. Seine Aufgabe besteht darin, möglichst viel Wasser durch den Parcour zum Ausgangspunkt zurückzubringen. Dort wird der Wasserstand mit einem wasserfesten Filzstift markiert und der Name des Spielers danebengeschrieben. Der nächste Läufer füllt den Becher wieder auf und versucht natürlich mehr Wasser durch die Hindernisse zu retten.

Wie man so einen Parcour aufbaut, muß nach den örtlichen Gegebenheiten entschieden werden.

Hierzu einige Vorschläge:

- über einen Stuhl steigen
- unter einem Tisch durchkrabbeln
- einige Meter rückwärts gehen
- mit beiden Beinen über eine Zeitung springen
- auf einem Baumstamm balancieren
- eine Leiter rauf- und runterklettern
- Mütze aufsetzen, Handschuhe, Stiefel und Mantel anziehen, Brille aufsetzen...
- Kniebeugen machen

Wasserstaffel

Die Spieler bilden zwei gleichstarke Gruppen und stellen sich in zwei Reihen auf. Jeder Spieler erhält einen leeren Joghurtbecher.

1. Variante:
Auf ein Startzeichen hin füllen die ersten Spieler beider Reihen ihre Becher mit Wasser und schütten das Wasser sofort in den Becher des nächsten Spielers um usw....

Ist das Wasser auf diese Weise beim letzten Gruppenmitglied angekommen, geht das Spiel rückwärts, bis das Wasser wieder im Becher des ersten Spielers gelandet ist. Der schreit sofort »Halt«.

Die schnellere Gruppe notiert sich einen Pluspunkt.

2. Variante:
Das Spiel läuft genauso ab wie in Variante 1, jedoch siegt nicht unbedingt die schnellere Gruppe.

Sobald das Wasser wieder bei den ersten beiden Spielern angekommen ist, vergleicht ein »Schiedsrichter« die Wasserpegel in den beiden Bechern. Gewonnen hat die Gruppe, die das wenigste Wasser verschüttet hat.

3. Variante:
Die Becher werden nicht mit den Händen, sondern mit dem Mund getragen. So wird das Umschütten bedeutend schwieriger und feuchter!

Schiffe versenken
(Die nasse Variation)

Wir stellen eine mit Wasser gefüllte, große flache Schüssel ins Freie. Auch ein Planschbekken eignet sich gut dafür. Nun braucht man noch eine leere (saubere!) Konservendose mit möglichst großer Grundfläche. Am besten wäre eine Fischdose! Sie muß auf dem Wasser schwimmen. Nun legt oder wirft ein Spieler nach dem anderen ein Steinchen in die Dose. Diese wird dadurch natürlich immer schwerer. Wem es gelingt, die Dose zu versenken, der gewinnt.

Abwandlung für Schlechtwettertage:
An dem Henkel eines kleinen Körbchens wird eine Schnur befestigt. Das andere Ende der Schnur wird mittels Klebestreifen an die Zimmerdecke geklebt. Das Körbchen sollte nun etwa einen Meter über dem Boden schweben. Nacheinander legt jeder Spieler eine Bohne (Steinchen, Münze,...) hinein, bis das Körbchen so schwer wird, daß es herunterfällt.

Wassermalerei

Jedes Kind braucht eine Gießkanne mit möglichst kleinem Ausgußloch. Dann begeben sich alle zu einem geteerten oder gepflasterten Platz, auf den die Sonne scheint. Je nach Temperament und Phantasie geht es ans Malen. Gemeinschaftsbilder werden besonders schön.

Mögliche Themen sind:

»Im Land der Dinosaurier«
»Wir malen eine Wasserstadt«
»Leben unter Wasser«

Selbstverständlich muß eine Wassernachfüllquelle in der Nähe sein.

Zuhilfenahme der Finger oder Zehen ist ausgesprochen erlaubt!

Das Taschengeld-aufbesserungsspiel

Es könnte ja sein, daß einem das Taschengeld einmal knapp wird. Für solche Notfälle ist dieses Spiel gedacht. Zunächst braucht man ein möglichst großes Glasgefäß. Wer seinen Goldfisch nur ungern umquartiert, der benützt für dieses Spiel ein besonders großes Gurkenglas. Auf den Boden des Glasbehälters wird ein Schnapsglas gestellt. Nun füllt man den Glasbehälter bis zum Rand mit Wasser. Der Behälter braucht nun noch eine Abdeckung. Eventuell legt man Alufolie darüber. In die Mitte der Abdeckung, also genau über dem Schnapsglas, schneidet man einen nicht zu kurzen Schlitz hinein (wie beim Sparschwein). Jetzt sucht man sich möglichst viele Leute, von denen anzunehmen ist, daß sie raffgierig genug sind, auf das Angebot einzugehen, ihr Geld auf einfache Weise zu verdoppeln. Man erklärt ihnen, daß sie nichts weiter zu tun haben, als ein Zehn-Pfennig-Stück durch den Schlitz der Abdeckung in das Schnapsglas zu werfen. Wem es gelingt, der bekommt den doppelten Einsatz als Gewinn. Alle Geldstücke, die neben das Schnapsglas geworfen werden, behält der Spielleiter.

Wir haben beobachtet, daß viele Leute, erstaunt darüber, daß sie nicht in das Schnapsglas treffen, gleich weitere Münzen locker machen, um dem Geheimnis auf die Spur zu kommen.

Dann muß aber bald Schluß gemacht werden, denn wer lange genug übt, kommt dahinter, wie es geht und raubt einem sonst den Gewinn!

Löwenzahn

Früher gab es für Kinder so gut wie keine Spielsachen. Darum behalfen sie sich mit den Dingen, die die Natur für sie bereit hielt. Mit Löwenzahn zum Beispiel kann man herrlich spielen.
Bestimmt macht dieses Spiel viel Spaß:

Man schneidet Löwenzahnstengel in verschieden große Stücke! Beide Stengelenden werden nun mit einem Messer oder notfalls auch mit den Fingernagel eingeritzt, daß die Stengelenden dadurch viergeteilt werden. Diese so präparierten Stengel legt man in eine mit Wasser gefüllte Wanne. Nach kurzer Zeit beginnen sich die Enden einzurollen und es entstehen die wunderlichsten Locken, Kringel und Phantasiemännchen.

Achtung:

Bitte nach dem Spielen die *Finger gut waschen*. Die Löwenzahnmilch ist *nicht genießbar!*

Schlauchball

Ein Wasserball befindet sich zwischen zwei Markierungen. Hinter den Markierungen steht je ein Spieler, ausgerüstet mit einem angeschlossenen Gartenschlauch.

Ziel des Spieles ist, den Wasserball hinter die gegnerische Markierung zu spritzen.

Dabei kommt es schnell zu einer wilden Wasserschlacht.

Also:

Nur an heißen Sommertagen und nur in Badebekleidung spielen!

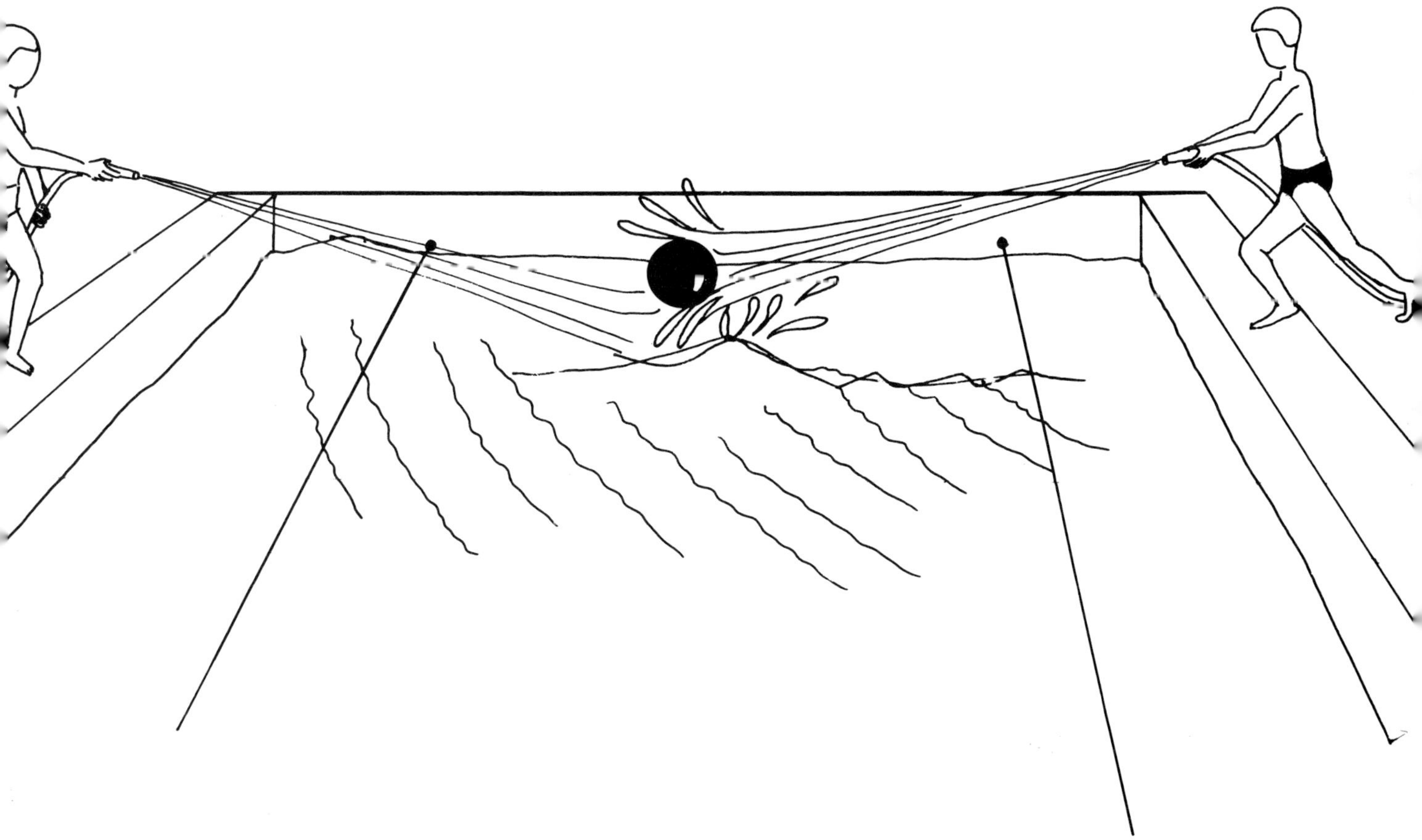

Der blinde Wassermann

Ein Spieler bekommt den Gartenschlauch. In unterschiedlicher Entfernung werden drei Eimer aufgestellt. Nun werden dem »Wassermann« die Augen verbunden. Seine Aufgabe besteht darin, in einer bestimmten vorgegebenen Zeit möglichst viel Wasser in die aufgestellten Eimer zu spritzen.

Der Wassermann kann natürlich bei genauem Hinhören feststellen, ob er in einen Eimer spritzt oder daneben.

Wer will, kann dem Wassermann die Arbeit erschweren, indem er ihm zusätzlich einen Walkman umhängt und die Kopfhörer aufsetzt. Selbstverständlich tönt dann aus den Kopfhörern Händels »Wassermusik«!

Kerzen löschen

Die Spieler werden in zwei Gruppen geteilt. Jeder Spieler der Gruppe A erhält ein rotes Teelicht, jeder Spieler der Gruppe B ein weißes. Die Kerzen werden angezündet und gemeinsam in einem Kinderplanschbecken, einem Swimmingpool oder in einer größeren Regentonne vorsichtig auf das Wasser gesetzt.

Jeder Spieler erhält eine Spritzflasche (z. B. eine leere Shampooflasche – notfalls auch eine Spritzpistole).

Alle Spieler stehen mindestens zwei Meter vom Wasser entfernt. Auf ein Zeichen hin, versuchen die Spieler von Gruppe A die Lichter von Gruppe B auszuspritzen und umgekehrt. Nach ca. zwei Minuten wird angehalten. Für jedes immer noch brennende Teelicht erhält die jeweilige Gruppe einen Punkt.

Nun wird erneut gestartet.

Bombenball

Kleine Luftballons – sogenannte Wasserbomben – werden mit Wasser gefüllt und zugeknotet. Die Spieler stehen im Kreis. Der Spielleiter wirft eine »Wasserbombe« ein. Die Spieler werfen sich den Ballon zu – natürlich darf er nicht platzen.

Nach etwa einer Minute wirft der Spielleiter eine weitere Wasserbombe ein. Das Spiel wird dadurch erheblich spannender. Nach jeder Minute kommt eine weitere »Wasserbombe« hinzu...

Wasser-Dart

10–20 Luftballons werden mit Wasser gefüllt und an eine Holzwand gehängt.

Die Spieler stehen einige Meter entfernt. Jeder bekommt drei Dartpfeile.

Jeder Treffer gilt als Punkt. Die besten Spieler treten in der zweiten Spielrunde noch einmal gegeneinander an.

Wenn die Luftballons unterschiedlich voll gefüllt werden, wird das Spiel noch spannender.

Achtung:

Dart-Pfeile sind gefährlich und dürfen von Kindern nur unter Aufsicht verwendet werden.

Warum sind die Flüsse voller Wasser?

Damit es nicht so staubt, wenn die Schiffe bremsen.

Spritzballon

Für dieses Spiel braucht man sehr viel Fingerspitzengefühl. Ein aufgeblasener Luftballon soll mit Hilfe eines Wasserstrahls aus dem Gartenschlauch möglichst lange in der Luft »tanzen«. Dazu muß man die Spritzkraft des Schlauches genau regulieren. Wer keine Spritz-Sprüh-Vorrichtung an seinem Gartenschlauch hat, kann das Wasser regulieren, indem er seinen Daumen mehr oder weniger fest auf das Schlauchende gegen den Wasserstrahl preßt. Aber Vorsicht: Das kann eine äußerst nasse Angelegenheit werden.

Aktion Wasserrutsche

Material:

Ein möglichst langes Stück Plastikfolie (gibt es z. B. in Malergeschäften als Abdeckfolie zu kaufen.)

Viel Wasser, möglichst fließend, aus einem Gartenschlauch

Vorbereitung:

Plastikfolie auf einer abschüssigen Wiese ausbreiten, mittels Gartenschlauch »unter Wasser« setzen.

Wer jetzt noch nicht weiß, wie es geht, der muß noch die Spielanleitung lesen!

Spielanleitung:

Anlauf nehmen, rutschen!

Hinweis:

Möglichst in Badekleidung spielen!
Brille vorher absetzen!

Variation für kleine Kinder:

Kleine Kinder brauchen am Anfang eine Rutschunterlage wie z. B. ein Plastikkissen oder eine gut gepolsterte Plastiktasche.

Wasserblasen

Zwei Spieler spielen gegeneinander. Jeder erhält ein Glas, das etwa zu zwei Drittel mit Wasser gefüllt ist. In den Gläsern schwimmt jeweils ein Tischtennisball.

Nun versucht jeder, so schnell wie möglich, den Tischtennisball aus dem Glas zu blasen.

Glücksbrunnen

In einem möglichst großen wassergefüllten Kinderplanschbecken schwimmen glatte Holzplättchen unterschiedlicher Größe und Farbe. Die größten messen etwa 10×10 cm, die kleinsten etwa 4×4 cm.

Aus einer bestimmten Entfernung soll nun versucht werden, 10-Pfennig-Stücke so auf die Klötzchen zu werfen, daß sie darauf liegenbleiben. Gelingt das, so erhält der Spieler je nach Klötzchengröße einen Preis.

Ernst Jandl

wasser
kalt
wasser
kalt
kaltwasser
wasserkalt
kaltwasserkalt
wasserkaltwasser
kaltwasserkaltwasserkalt
wasserkaltwasserkaltwasser
ka
ku
ka
ku
ka
kur
kur
kur
kur
wasserkaltwasser kaltwasser
kaltwasserkaltwasserkalt
wasser
wasser
wasser
wasser
kalt
kalt
kaltkaltkalt
sebastian
ka
kur
ka
kur
kukuku
ka
kurkurkur
naturnatur so
natur soso
sebastian
wasserheil
kaltwasserheil
kaltwasserheilwasserheil
heilwasserwasserkalt
heilkalt
ka
kur
ka
kur
kukuku
knei
p
p
p
knei
p
p
kneipp sebastian

Ein Loch ist im Eimer ...

Die Spieler stehen in zwei Gruppen etwa 10 m vom Wasser entfernt. Jede Gruppe erhält einen Wassereimer, der stets an seinem Platz bleibt. Die ersten Läufer jeder Gruppe haben je einen undichten Wassertransportbehälter in der Hand, z. B. einen Eimer mit Loch. (Das Zuhalten der Löcher ist natürlich strengstens verboten!) Wer ungern seinen Wassereimer durchlöchert, der stelle einfach Kaffeefilter als Transportbehälter bereit. Auf ein Startzeichen hin laufen die beiden ersten zum Wasser, schöpfen ihre Behälter voll und eilen zu ihrer Gruppe zurück, wo sie das restliche Wasser in den Gruppeneimer entleeren.

Sofort nimmt der zweite den Transportbehälter und läuft wieder los um Wasser zu holen.

Ist der letzte Läufer wieder bei seiner Gruppe angelangt, schreit er laut »Halt«. Der Läufer der anderen Gruppe muß das restliche Wasser, das sich in seinem Transportbehälter befindet, ausschütten. Nun werden die Pegelstände des Wassers in beiden Eimern gemessen.

»Wasserkur«

Absolute Rekordhalterin in Sachen »Wasserkur« war die Bauerstochter Maria Furtner. Von ihr wird berichtet, sie habe 52 Jahre lang nichts anderes als pures Wasser zu sich genommen. Wie sie die kalorienreiche Diät über so lange Zeit überstand, wurde bedauerlicherweise nicht überliefert.

Wunderwasser

Das Wasser hat seit jeher eine vielfältige Bedeutung im Volksglauben und in der Volksmedizin.

Bestimmte Wassersorten sollen alles Schädigende und Böse wegschwemmen.

An vielen Wallfahrtsorten wird reger Handel mit »Wunderwasser« getrieben. Das heilige Wasser des Jordan brachten schon die Kreuzfahrer mit nach Hause.

Besonders das Wasser bestimmter Tage soll Wunder wirken, z. B.: der Tau der Osternächte, des ersten Mai oder der Johannisnacht.

Wasserzauber

Jeder Mensch, der die physikalischen Gesetze bei der Ausführung eines Experiments beherrscht, kann immer wieder sein Publikum mit Wasserzauber unterhalten. Richtig begeistern und andere zum Staunen bringen kann aber nur, wer seinen Zauber auch in eine phantasievolle Geschichte einkleidet oder zumindest mit allerlei betulicher Vorbereitung und begleitenden Zaubersprüchen sein Experiment vorbringt.

Experiment 1:

Kleine Eisenteilchen mit großer Oberfläche (zum Beispiel Rasierklingen, Büroklammern, ...) schwimmen durch die Oberflächenspannung auf dem Wasser, wenn man sie sehr vorsichtig auf ein Stück Löschblatt legt und dieses wiederum mit äußerster Sorgfalt auf die Wasseroberfläche legt. Das Löschblatt saugt sich voll Wasser und geht unter, die Eisenteilchen schwimmen.

Mit einigen Tropfen Zaubertinktur (Geschirrspülmittel, das die Oberflächenspannung zerstört), welche man in das Wasser gibt, gelingt das Experiment nicht mehr.

Experiment 2:

Eine mit Wasser gefüllte, gut gekühlte Flasche wird entleert. Die Flaschenöffnung wird mit einer nassen Münze abgedeckt. Der Zauberer umfaßt die Flasche mit seinen Händen, begründet das möglichst phantasievoll – und siehe da, die Münze beginnt auf dem Flaschenhals zu klappern. Schuld ist natürlich die Luft in der Flasche, die sich durch die warmen Hände erwärmt und ausdehnt. Entweichen kann sie nur nach oben, also bewegt sich die Münze auf und zu.

Wasserleitungen

Dieses Spiel gibt es schon seit Generationen und es macht Kindern nach wie vor großen Spaß.

Zuerst pflücken die Kinder einen kleinen Strauß Löwenzahnblumen. Die Blüten werden abgetrennt und die Stengel ihrer Dicke nach sortiert. Die Löwenzahnstengel werden sorgfältig ineinandergeschoben, so daß eine möglichst lange Wasserleitung entsteht. Nun braucht man noch eine leere Milchtüte. In die Tüte wird ein Loch gebohrt, das genauso groß ist, daß man das eine Ende der Rohrleitung hindurchstecken kann. Dann wird dieses Reservoir mit Wasser gefüllt. Augenblicke später kommt das Wasser am anderen Ende der Leitung wieder heraus.

Was man da alles ausprobieren kann!

- Leitungsende in ein zweites Reservoir leiten und dort wiederum Rohrleitungen anbringen.
- Die Leitungen höher legen. Fließt das Wasser auch hinauf?
- Wasser mit Lebensmittelfarbe einfärben und den Weg des Wassers genau verfolgen.
- Blumengießautomaten für den Garten basteln...

Kleine Wassermusik

Für die »kleine Wassermusik« braucht man etwa acht gleichgroße Flaschen oder Gläser. Sie werden verschieden hoch mit Wasser gefüllt und mit einem Löffel angeschlagen.

Die Spieler stellen die Flaschen ihrer Tonhöhe nach auf. Nun darf jeder erstmal ein bißchen herumprobieren.

Dann versucht ein Spieler einen Liedanfang zu spielen. Wer das Lied zuerst errät, darf den nächsten Liedanfang vorspielen.

Spiele
ohne
Wasser

Selbsterdachte Wasserregeln

Manchmal kann es schon passieren, daß es auch im Sommer stundenlang nicht aufhört zu regnen.

Bevor es langweilig wird, basteln wir uns möglichst merkwürdige Wasserregeln in Anlehnung der bekannten Bauernregeln.

z. B.:

»Scheint im Juli keine Sonne,
fühlt sich schnell die Regentonne!«

»Was macht Frau Meier in Mombassa?
Sie entsalzt das Meereswasser!«

»Ist im See kein Wasser mehr,
tun wir uns beim Schwimmen schwer.«

»Wenn der Himmel Tränen weint,
ganz gewiß die Sonn' nicht scheint.«

Arche Noah

Bekanntermaßen packte Noah in seine Arche je zwei Exemplare einer Tiergattung. Leider haben in dem Trubel und Durcheinander die Tiere ihren jeweiligen Partner verloren.

Noah sann auf Abhilfe:

Für dieses Spiel schreibt man zuvor kleine Zettelchen. Auf jeweils zwei Zettel kommt der Name des gleichen Tieres. Also: 2×Hund, 2×Frosch...
Jeder Spieler erhält einen Zettel, liest, welches Tier er selber ist und faltet den Zettel ganz schnell wieder zusammen. Auf ein Startzeichen hin schreien alle Tiere mit ihrem jeweiligen typischen Laut. Also die Katzen miauen, die Schafe blöken, die Enten quaken... Von den Schreien des Partners angelockt, finden sich die Paare.

Dieses Spiel eignet sich vorzüglich zur Paar- bzw. Gruppenbildung für weitere Spiele. Man sollte stets darauf achten, daß nicht immer die gleichen Leute untereinander spielen.

Wie gehen Herr und Frau Tintenfisch in die Arche Noah?
Arm in Arm, Arm in Arm, Arm in Arm, Arm in Arm...

Schiffe versenken

(Die trockene Version)

»Schiffe versenken« ist schon ein sehr altes Spiel.

Spielidee:

Jeder der beiden Spieler besitzt eine Flotte von 10 Schiffen. Gewonnen hat derjenige, dem es gelingt, die Flotte des anderen zu versenken, bevor ihm dasselbe Unglück widerfährt.

Vorbereitung:

Beide Spieler zeichnen sich auf kariertem Papier jeweils zwei Quadrate mit 10×10 Kästchen.

Die Quadrate werden wie folgt beschriftet:

Nun zeichnet sich jeder Spieler in eines seiner zwei Quadrate seine Flotte ein. Eine Flotte besteht aus:

1 Schiff mit	4 Kästchen
2 Schiffe mit je	3 Kästchen
3 Schiffe mit je	2 Kästchen
4 Schiffe mit je	1 Kästchen

Die Schiffe werden so in das Planquadrat eingezeichnet, daß sie sich nirgends berühren.

Feuern:

Abwechselnd werden nun immer drei Schüsse abgegeben. Diese drei Schüsse werden von dem Admiral, der sie abgibt, im rechten Quadrat eingezeichnet. Genaue »Buchführung« ist unerläßlich. Trifft der Admiral ins Wasser, gibt sein Gegenspieler zur Antwort: »Wasser«. Trifft er ein Schiff, so gibt der Gegenspieler an: »angeschossen«. Wird ein Kreuzer zum letzten Mal getroffen oder eines der Einer-Schiffe wird getroffen, so gibt der Gegenspieler an: »abgeschossen«.

Beispiel:

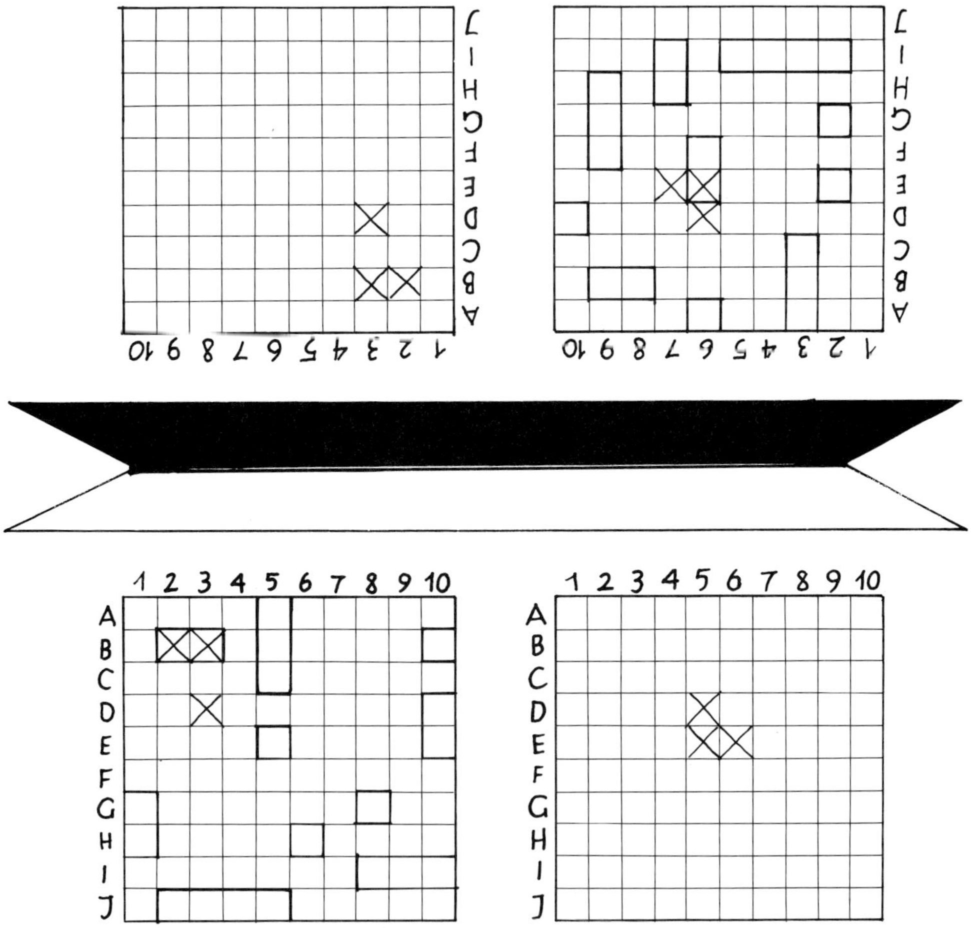

Platsch

Ein lustiges Spiel, das kindlich einfach erscheint. Abwarten! Nach etwa fünf Spielzügen scheiden sich schon oft die Geister.

Ein Spieler fängt an: »Eine Ente, zwei Beine, platsch!« Der nächste fährt fort: »Zwei Enten, vier Beine, platsch, platsch!« »Vier Enten, ...«

Wer sich verhaspelt oder nicht mehr weiter weiß, scheidet aus.

Wasser und Luft

Dieses altbewährte Kinderspiel macht einem Kreis erwachsener Spieler genauso viel Spaß, wenn man einfach die Geschwindigkeit steigert:

Das Grundprinzip des Spiels:

Alle Spieler sitzen auf Stühlen im Kreis. Der Spielleiter erzählt eine wirre Geschichte, in der sehr oft die Wörter »Wasser« und »Luft« vorkommen. Bei dem Wort »Luft« stellen sich alle auf die Stühle, bei dem Wort »Wasser« setzen sie sich auf den Boden, vor ihre Stühle.

Nachdem man das Spiel eine Zeit lang mit steigender Geschwindigkeit gespielt hat, geht es weiter im Ausscheidungsprinzip. Der Spieler, der der Anweisung zuletzt gefolgt ist, scheidet aus. Selbstverständlich gelten auch Wörter, in denen Wasser und Luft als Wortteil vorkommen, z. B.: Luftikus, wässrig, Kluft...

Waschanlage

Dies ist ein Spiel für Menschen ohne Berührungsängste

Die Mitspieler bilden zwei Gruppen und knien sich auf den Boden, das Gesicht den gegenüberknieenden Spielern der anderen Gruppe zugewandt.

Ein mutiger Spieler wird zum »Auto« ernannt. Das Auto krabbelt langsam durch die Waschanlage, während die Mitspieler sich große Mühe geben, das Auto auch ohne Zuhilfenahme von Wasser sauber zu schrubben.

Viel Spaß!

Rettungsboote

Zwei Spieler spielen miteinander, wobei Spieler X die Rettungsboote versteckt, Spieler Y dieselben suchen muß. Beide Spieler zeichnen ein Quadrat von 4 × 4 Kästchen auf den Block und unterteilen es in 16 Felder.

Damit man sich beim Spielen besser zurechtfindet, werden die Kästchen wie abgebildet mit Zahlen und Buchstaben versehen.

Spieler X versteckt nun 4 Rettungsboote beliebig im Spielfeld, z. B.:

Aufgabe von Spieler Y ist es nun die Lage der Rettungsboote mit möglichst wenig Fragen eindeutig zu bestimmen. Dazu darf aber nie nach einzelnen Kästchen, sondern nur nach Reihen, z. B.: »Reihe A waagerecht« gefragt werden. Der Spieler X gibt dann jeweils an, wieviele Rettungsboote auf dieser Linie liegen. In unserem Fall also »eins« (A 3). Der Sucher darf die Reihen sowohl waagerecht wie senkrecht als auch diagonal abfragen!

z. B.:

Frage A 1 diagonal zu D 4
Antwort: »ein Boot«

Meint Spieler Y, die Positionen der Boote zu wissen, gibt er die Koordinaten an. In unserem Fall »A 3, B 1, C 3, D 2«. Die Anzahl der benötigten Fragen wird mitgezählt.

Nach der ersten Spielrunde werden die Rollen getauscht. Gewonnen hat dann derjenige, der zum Bestimmen der Lage aller Rettungsboote weniger Fragen benötigte.

Damit keine Unstimmigkeiten auftreten, ist es ratsam, die Anzahl der Fragen zu notieren.

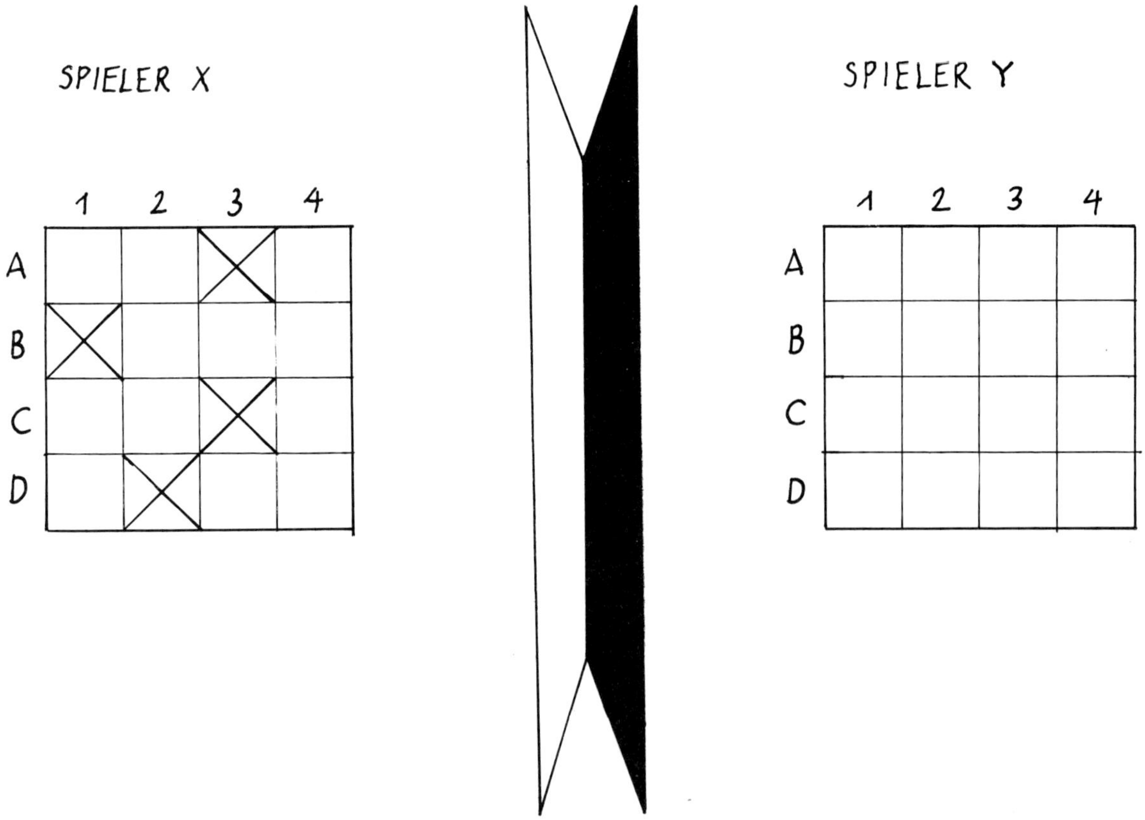

Wassertraining

Garantiert ohne Wasser kommt das Spiel »Wassertraining« aus.

Gesucht werden zusammengesetzte Wörter, in denen das Wort »Wasser« vorkommt.

Die Spieler nennen abwechselnd solche Wörter. Wer kein neues Wort mehr nennen kann oder wer ein Wort nennt, das schon einmal erwähnt wurde, scheidet aus.

Möglichkeiten:

»Wasser« als Bestimmungswort
z. B.: Wasserhahn, Wasserball, Wasserschloß
»Wasser« als Grundwort
z. B.: Regenwasser, Salzwasser, Zwetschgenwasser
Die Silbe -»Wasser«
in Eigenschafts- oder Zeitwörtern, z. B.: wässrig, bewässern, verwässern,...

Wellensalat

Die Spieler sitzen auf Stühlen im Kreis. Die Stühle sollten etwa 1 Meter voneinander entfernt sein.

In der Kreismitte steht ein Spieler, der leider keinen Stuhl bekommen hat, jedoch gierig danach trachtet, sich auch setzen zu dürfen.

Seine Chance besteht in folgendem Spiel: Ruft er: »Welle nach links!« Müssen sich alle Spieler sofort um einen Stuhl nach links bewegen. Ruft er: »Welle nach rechts!«, so setzen sich alle Spieler auf den rechten Nachbarstuhl. Gibt der stehende Spieler seine Kommandos schnell genug, z. B.: »Rechts, rechts, links!«, so wird er damit soviel Verwirrung stiften, daß er selbst einen Stuhl erwischt. Da dann natürlich ein Spieler »leer« ausgeht, ist schon der neue »Wellenkommandeur« gefunden.

Wassergraben

»Wassergraben« ist ein Hüpfspiel, das sich Kinder gerne auf geteerte oder gepflasterte Wege aufmalen.

Zuerst wird der Spielplan mit Kreide auf das Pflaster gemalt.

Ein Kind steht mit beiden Beinen auf dem Startfeld. Nun hüpft es auf einem Bein ins Feld Nr. 1, dann über den »Wassergraben« ins Feld Nr. 2 und so weiter immer der Numerierung nach. In die Felder 9 und 10 springt man gleichzeitig und dreht dabei um, so daß man nun wieder in die entgegengesetzte Richtung zurück bis zum Ziel springen kann.

Wichtig dabei ist, daß der Springer auf keinen Fall ins »Wasser« tritt, sonst bekommt er einen Minuspunkt und muß von vorne beginnen.

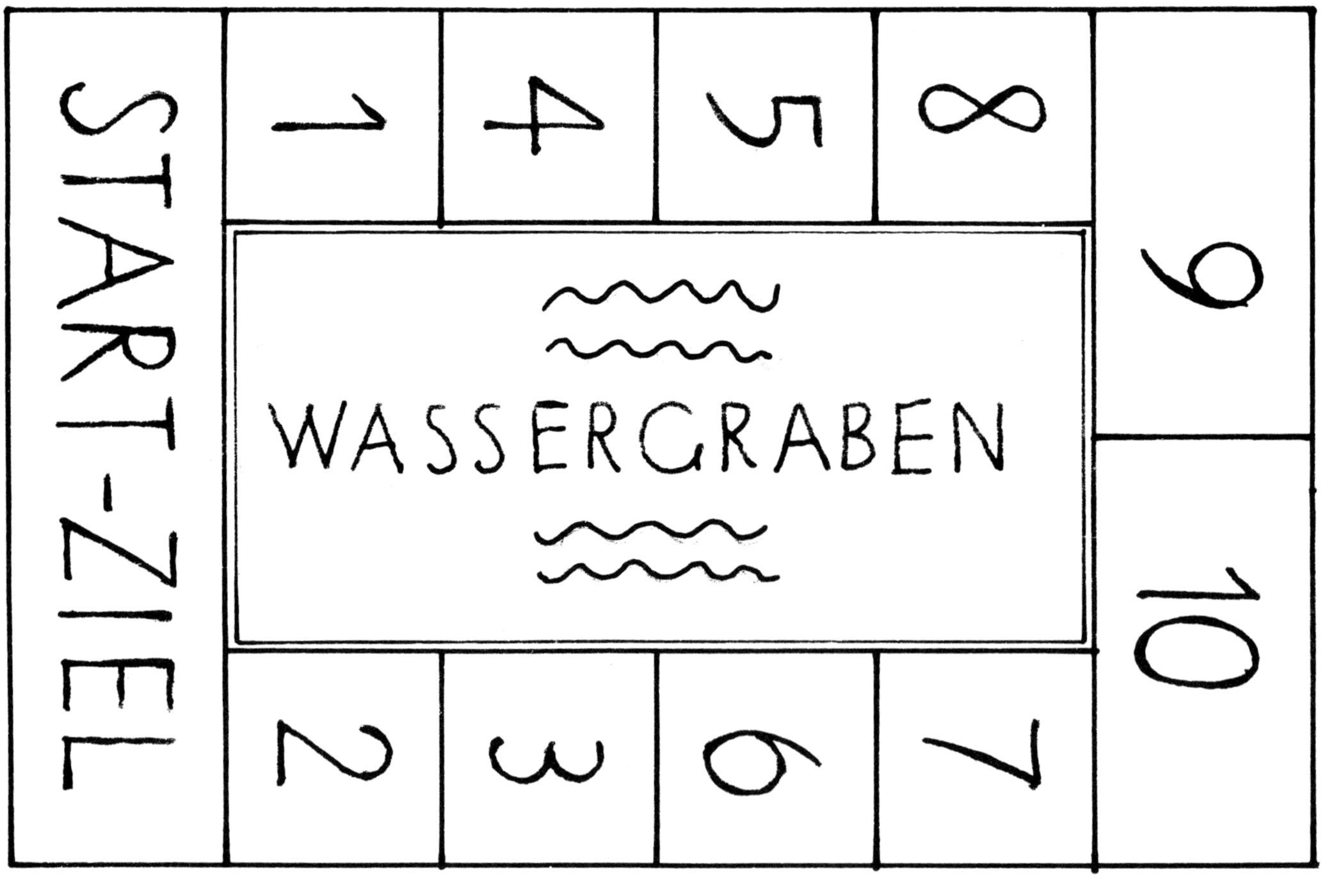

Fischjagd

Zuerst reißt sich jeder Spieler aus einem halben Bogen Zeitungspapier einen »Fisch«. Wie naturgetreu das Ding wird, spielt überhaupt keine Rolle; der Phantasie sind keine Grenzen gesetzt.

Nun markiert man auf dem Spielfeld eine Startlinie. In etwa fünf bis zehn Metern Entfernung (entsprechend dem Alter und der Geschicklichkeit der »Fischer«) legt man einen Karton mit der Öffnung zur Startlinie auf das Spielfeld.

Die Spieler sollen nun auf das Startzeichen hin ihre Fische möglichst schnell in den Karton – das Fischnetz – treiben. Dabei fassen sie den »glitschigen« Fisch nicht mit der Hand an, sondern fächeln ihn mit einem Bogen zusammengelegten Zeitungspapiers zum Ziel.

Fische fangen

Mit einer Schnur legen wir eine Schlinge auf den Tisch. Der »Fischer« hält das Ende der Schnur in der Hand und lädt die Mitspieler (die Fische) in seinen Schlingenteich (Tisch) ein. Die Fische strecken einen Finger in den »Teich«. In einem günstigen Augenblick zieht der Fischer mit einem Ruck am Schnurende. Dadurch zieht sich die Schlinge zusammen. Wer nicht schnell genug reagiert, wird in der Schlinge gefangen. Gefangene Fische erhalten einen Minuspunkt. Wer auf diese Weise drei Minuspunkte gesammmelt hat, scheidet aus.

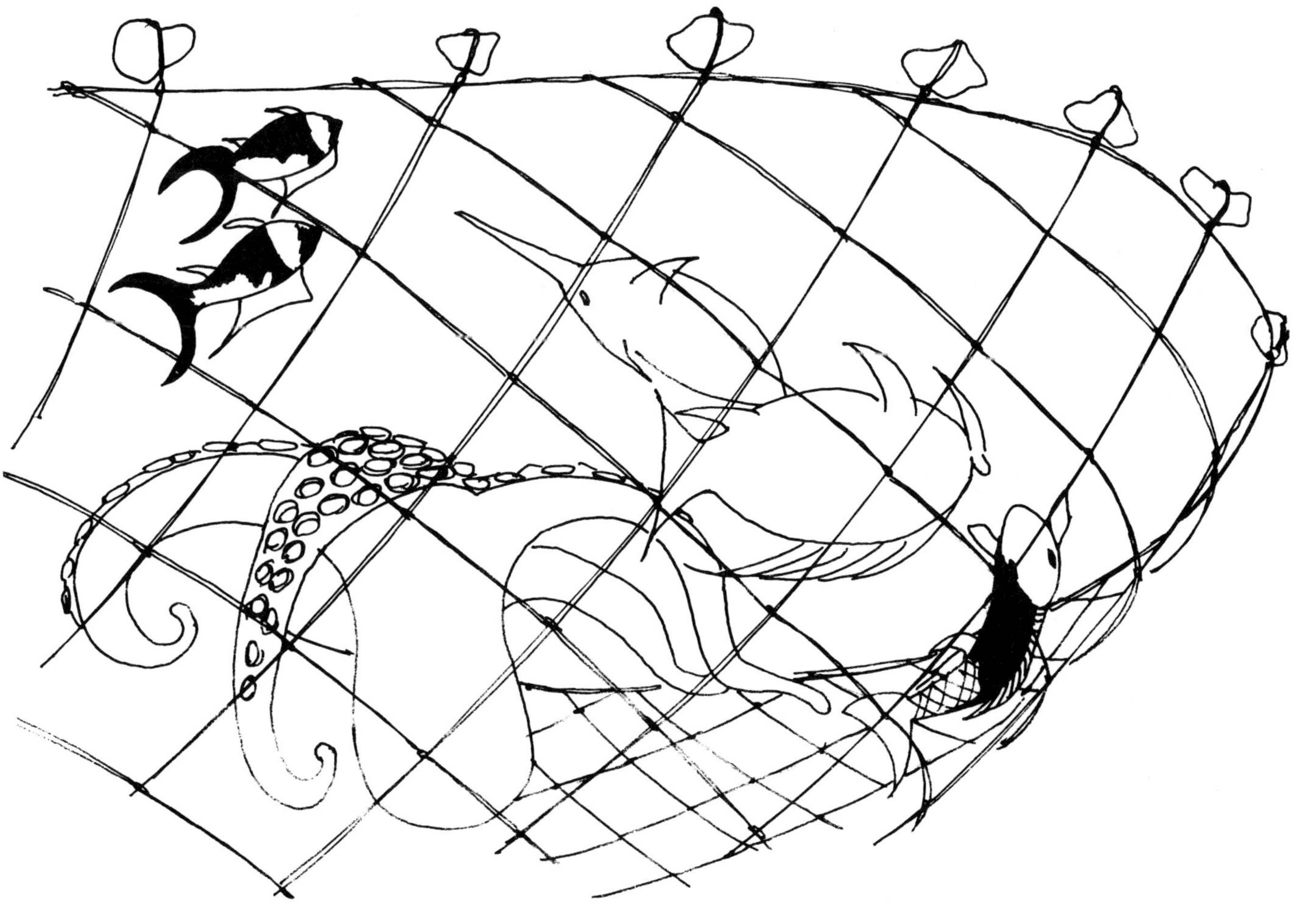

Ferngelenktes Landemanöver

Auf einem geteerten Platz werden mit Kreide in einigem Abstand voneinander zwei Kreise mit etwa 50 cm Durchmesser gezeichnet.

Zwei Spieler stellen die Schiffe dar. Sie stehen an einer Startlinie in einiger Entfernung zu den beiden Kreisen und bekommen die Augen verbunden. Zwei weitere Spieler sind die Lotsen. Jeder von ihnen bekommt ein Schiff zugewiesen. Nachdem das Startsignal ertönt ist, lenkt nun jeder Lotse sein Schiff möglichst schnell in einen Hafen (Kreis). Dazu darf der Lotse sein Schiff nicht berühren. Die Anweisungen »vorwärts, links, einen Schritt zurück...« werden den Schiffen zugerufen. Welches Schiff legt zuerst im Hafen an?

Variante:

Sehr viel schwieriger, aber dafür auch lustiger wird das Spiel, wenn man sowohl den Schiffen als auch den Lotsen die Augen verbindet. Die Lotsen lenken dann die Schiffe rein nach Gefühl und geben laut bekannt, wenn sie glauben, ihr Schiff stünde jetzt exakt im Hafen.

Die Treffsicherheit entscheidet dann über den Sieger.

Und zum Schluß noch ein paar spielerische Experimente mit Wasser …

Schwebende Gläser

Sicherlich haben schon viele Menschen ganz ungewollt an diesem Experiment teilgenommen.

Frisch in heißem Wasser gespülte Gläser, die auf einer leicht schrägen, glatten Fläche zum Abtropfen mit der Öffnung nach unten aufgestellt werden, setzen sich in Bewegung.

Es handelt sich um nichts anderes als um eine Luftkissenfahrt.

In dem erhitzten Glas befindet sich Luft. Diese wird erwärmt und will sich deshalb ausdehnen. Das Spülmittelwasser verschließt aber die Glasöffnung mit einer Seifenblasenhaut. Die Luft kann also nicht entweichen. Der erhöhte Luftdruck hebt das Glas an und läßt es fast ohne Reibung auf der Unterlage gleiten.

Wasserglaswunder

Mit diesem ganz einfachen Experiment kann man oft großes Erstaunen der Zuschauer erregen, noch dazu, wenn man auch noch erklären kann, warum es funktioniert.

Man nehme also ein Glas mit Wasser, decke es mit einem Stück festem Papier (z. B. eine Postkarte) ab, lege die flache Hand auf das Papier und stürze schnell das Glas um. Die Hand kann man nun getrost wegnehmen, da das Papier die Glasöffnung verschließt und kein Wasser austreten läßt.

Warum das so ist? Der Wasserdruck ist kleiner als der Luftdruck, der auf das Papier drückt.

Das Wasser-Cognac-Wunder

Das ist eine verblüffende Angelegenheit – aber ausprobieren! Es klappt wirklich. Ein Glas wird randvoll mit Cognac gefüllt, ein zweites (identisches) Glas mit Wasser.

Das Wasser wird mit einer Spielkarte abgedeckt und umgedreht. Keine Angst, es läuft nichts aus! Nun wird dieses Glas auf das Cognacglas – Öffnung auf Öffnung – draufgesetzt. Die beiden Flüssigkeiten sind also nur noch durch die Spielkarten voneinander getrennt.

Jetzt zieht man die Spielkarte ein kleines bißchen zur Seite. Was passiert? Nach kurzer Zeit ist der Cognac vollständig ins obere Glas gezogen und das Wasser ins Cognacglas.

Eiertest im Wasser

Daß ein Ei nicht gleich dem anderen ist, auch wenn es erst so aussieht, kann man ganz leicht testen.

Man füllt eine Glasschale mit kaltem Wasser und legt die Eier vorsichtig hinein.

Liegt das Ei flach auf dem Schüsselboden, ist es frisch. Je nachdem, wie alt das Ei ist, stellt es sich nämlich auf. Ein Ei, das im 90 Grad Winkel zum Boden steht, ist 30 Tage alt (!!!).

Sollte ein Ei gar an der Wasseroberfläche schwimmen, ist es garantiert verdorben, vorausgesetzt, es ist nicht ausgeblasen.

Der Blumengießautomat

Wer längere Zeit verreist und um die Gesundheit seiner Zimmerpflanzen bangt, dem kann mit dem Blumengießautomat geholfen werden.

Die Blumentöpfe auf den Boden stellen. Etwas erhöht die Wasserquelle (Wannen, Eimer u. a.) aufstellen und dicke Wollfäden von der Wasserquelle bis zu den Pflanzen legen.

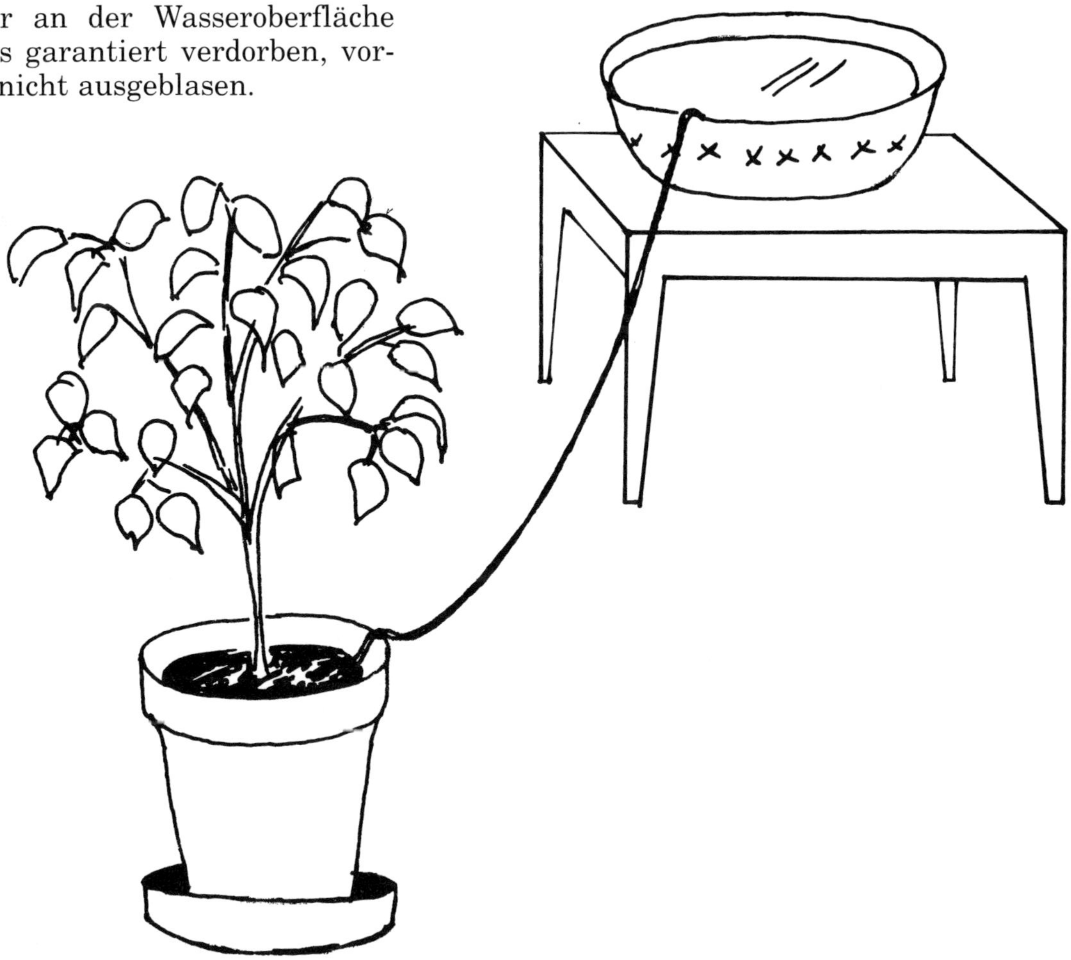

Wußten Sie schon ...

Daß zur Herstellung von 1 kg Zucker 1000 Liter Wasser benötigt werden?

Zur Herstellung von 1 kg Papier braucht man sogar 3000 Liter Wasser!

Platz in der Mülltonne

Noch ein Experiment mit Wasser, das auch noch einen guten Zweck erfüllt.

Große Plastikflaschen können mit Hilfe von Wasser mülltonnenfreundlich »zusammengefaltet« werden, indem man:

Zuerst die Flasche mit heißem Wasser ausspült, sie dann sofort verschließt und in den Kühlschrank legt.

Das entstehende Vakuum preßt die Flasche zusammen.

Aktion »Birkenwasser«

Wußten Sie schon...?

... daß eine einzige Birke während eines heißen Tages 250 Liter Wasser »ausschwitzt«.

Wieviel Wasser so eine Birke an einem einzigen heißen Sommertag »schwitzt«, kann man sich und anderen ganz leicht durch folgendes Experiment beweisen:

Man braucht dazu:
○ eine Birke
○ eine kleine durchsichtige Plastiktüte
○ ein kleines Stückchen Schnur
○ etwa acht Stunden Geduld

Die kleine Plastiktüte wird über ein gut belaubtes Astende der Birke gestülpt und mit Schnur zugebunden.

Nach einiger Zeit kann man bereits Wassertröpfchen in der Plastiktüte beobachten. Kurze Zeit später haben sich die Tröpfchen schon zu einer kleinen Wasserpfütze in der Tüte versammelt.

Wußten Sie schon?

Daß ein Liter Öl 1 000 000 Liter Wasser ungenießbar macht?

Ein Ei mitten im Glas schwimmen lassen

Hat man in ein Zylinderglas Wasser gegossen und legt ein Hühnerei hinein, so sinkt dasselbe darin zu Boden. Schüttet man die Hälfte des Wassers ab, stellt eine Trichterröhre hinein, die bis zum Grund reicht und füllt starke Seifenlauge hinein, so daß diese durch das Rohr auf den Grund des Glases gelangt, so werden sich Wasser und Lauge von einander gesondert halten; die schwerere Lauge wird den unteren Teil des Gefäßes einnehmen, das Wasser den oberen. Das Ei wird auf der Lauge schwimmen und dadurch in die Mitte des Glases geraten.

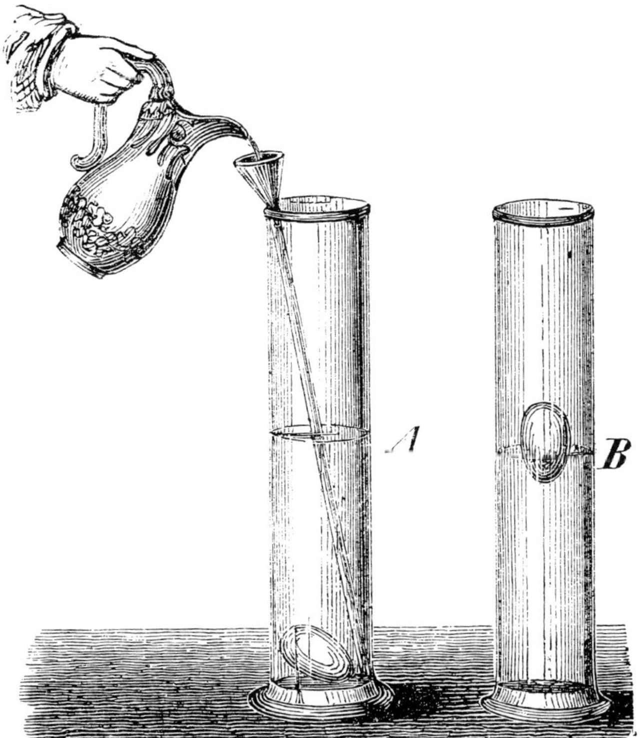

Das trinkende Glas

Für gewöhnlich ist ein Glas dazu da, daß es ausgetrunken wird. Wer's versteht, kann aber ein Trinkglas so präparieren, daß es selbst einen Teller voll Wasser austrinkt, sogar in umgekehrter Stellung. Will man dieses Kunststück machen, so muß man die Luft in einem Trinkglas durch einen hinein gehaltenen Fidibus oder brennenden Wachsstock erwärmen und es dann rasch auf den Teller mit dem Wasser stülpen. Sowie das Glas sich abkühlt, zieht sich die verdünnte Luft in ihm zusammen und das Wasser tritt von unten in gleichem Umfang nach.

Ein einfacher Springbrunnen

Eine Glasflasche füllt man zur Hälfte mit Wasser, verkorke sie und stecke durch den Stöpsel eine dünne Röhre bis fast auf den Boden der Flasche. Es genügt auch der Stiel einer Tonpfeife oder ein langer Strohhalm. Durch Hineinblasen verdichtet man die Luft in der Flasche und schließt die Öffnung der Röhre mit dem Finger. Sobald man letzteren wegnimmt, springt das Wasser als kleiner Springbrunnen so lange empor, bis die Luft in der Flasche wieder dieselbe Ausdehnung erhalten hat wie die sie umgebende Außenluft.

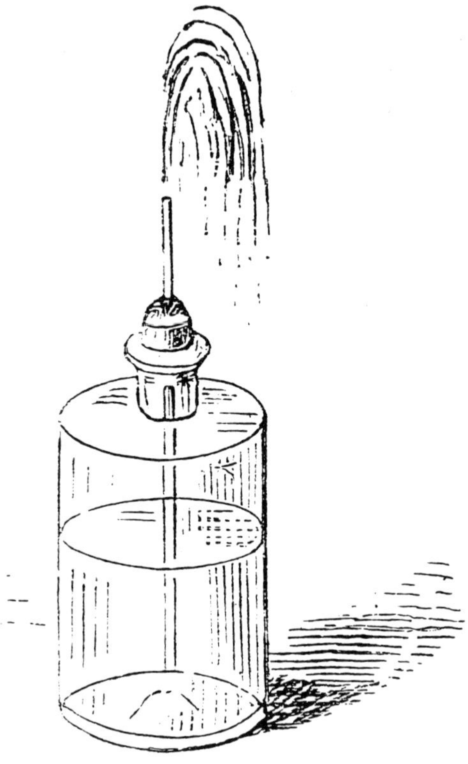

Die schwimmende Nähnadel

Daß ein Stückchen Holz oder Papier schwimmt, weiß man wohl, allein bei einem Stück Eisen setzt man voraus, daß es untersinkt. Reibt man aber eine lange, dünne Nähnadel mit einem trockenen Tuch, so daß sie völlig rein und trokken ist, und legt man sie vorsichtig der Länge nach waagrecht auf das Wasser, vielleicht auf ein volles Wasserglas, so wird sie eine Zeit lang darauf schwimmen. Erst allmählich, wenn sie durch das Wasser genetzt wird, sinkt sie unter.

Geld in ein volles Glas

Ein Glas kann so mit Wasser gefüllt sein, daß letzteres bis an den Rand steht und du nicht wagst, noch einen Tropfen darauf zu gießen. Trotzdem kannst du noch einige kleine Geldstücke hineinwerfen, ohne daß es überläuft, wenn du dabei vorsichtig verfährst und jene an der Seite hinabgleiten läßt.

Bier und Wasser in einem Glas

Man füllt zuerst das Glas halb voll Bier, dann hält man ein Tüchelchen darüber und gießt langsam und vorsichtig das Wasser nach. Auf diese Weise verhütet man das Vermischen der verschieden schweren Flüssigkeiten. Will jemand das Bier unter dem Wasser wegtrinken und nur das letztere zurücklassen, so steckt er ein Röhrchen auf den Grund und saugt durch dieses das Bier aus.

Die Wasserkunst auf dem Tisch

Eine knieförmig gebogene Röhre mit einem kürzeren und längeren Arm bildet einen sogenannten Heber. Taucht man das kurze Ende in ein Gefäß mit Wasser und saugt an dem langen Ende, bis das Wasser kommt, so läuft letzteres so lange hier aus, als das kurze Ende eintaucht. Will man zum Spaß eine Wasserleitung auf dem Tische herstellen, so kann man es noch einfacher haben. Man stellt mehrere Gläser nebeneinander und legt ein wollenes Band oder ein Tuchstreifchen von einem zum anderen, so daß der Boden von jedem berührt wird. Füllt man dann das erste Glas voll Wasser, so zieht sich letzteres von Glas zu Glas, bis schließlich in jedem derselben gleich viel ist. So können wir eine ziemlich lange Wasserleitung anlegen.

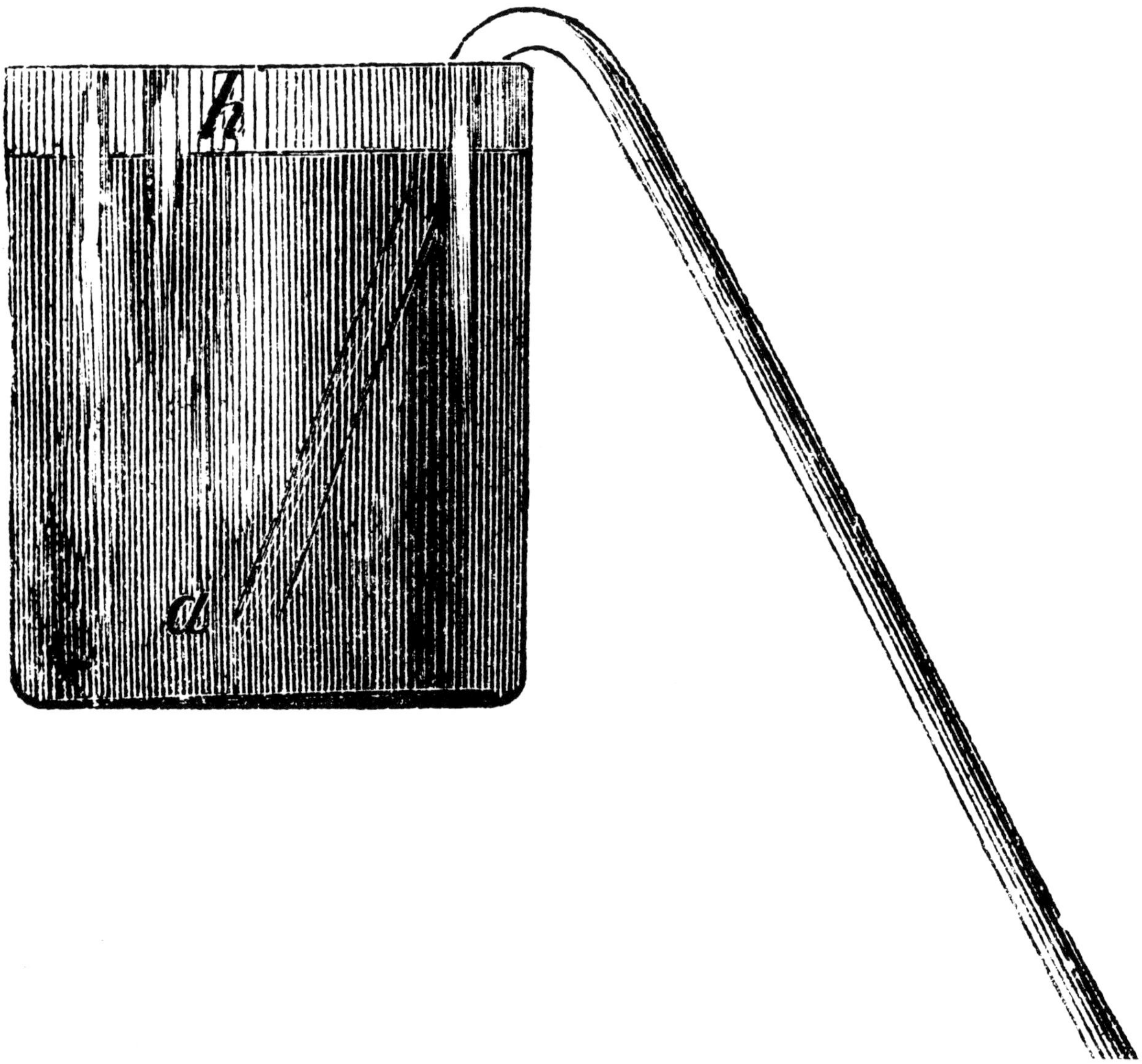

Der Heronsbrunnen

Der Heronsbrunnen ist eine andere Art kleiner Springbrunnen, zu dessen Herstellung drei Röhren erforderlich sind. Die eine derselben (a) wird mit einem Trichter in Verbindung gesetzt, um Wasser einfüllen zu können. Sie führt bis fast auf den Grund eines Glasfläschchens und geht dabei luftdicht durch dessen Stöpsel. Die zweite Röhre (b) beginnt von dem Korkstöpsel derselben Flasche, führt im Bogen nach oben in ein zweites Glas und endet in dem Kork desselben. Vom Boden des zweiten Glases beginnt abermals eine Glasröhre, erhebt sich senkrecht durch den Stöpsel und endet in einer feinen Spitze. Jede der beiden Flaschen füllt man so weit mit Wasser, daß die Enden der Röhren a und c in dasselbe eintauchen. Gießt man dann durch den Trichter Wasser nach, so wird der Luftdruck den Wasserstrahl aus c emportreiben.

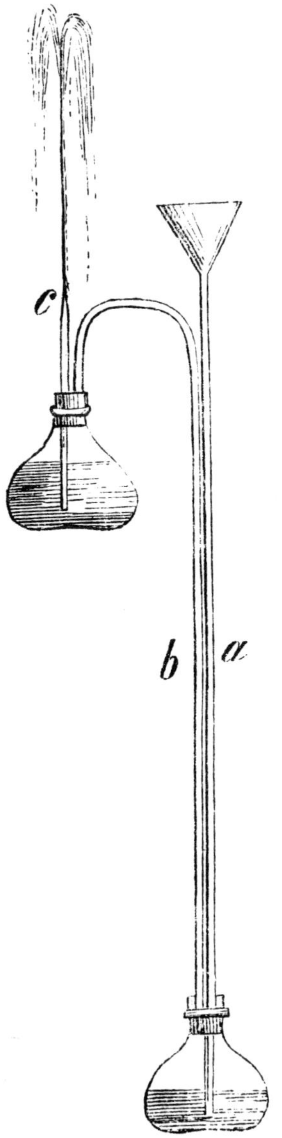

Der Wassertänzer

An dem Springbrunnen bringt man einen kleinen Trichter aus Gaze an, legt dann auf die Öffnung der Wasserröhre eine kleine hohle Glaskugel oder ein anderes leichtes Körperchen, etwa von der Form eines Männchens, Vogels u. dgl., so wird der Wasserstrahl es mit emporreißen und droben hin und her wirbeln. Wird es aus dem Hauptstrahl herausgeschleudert, so fällt es unten in den Gazetrichter und gelangt durch diesen wieder nach der Spitze der Wasserröhre, um von Neuem emporgeschleudert zu werden.

Wasser in Wein verwandeln

Man nimmt ein Medizinglas, das einen engen Hals von höchstens 5 mm (einem Viertelzoll) Durchmesser hat, voll Rotwein und stellt es in ein größeres Gefäß mit Wasser, so daß das letztere mindestens 10 mm über der Mündung der Weinflasche steht. Der Rotwein dringt bandförmig heraus in das Wasser und in ähnlicher Weise das Wasser in das Weinglas hinein, und man kann, wenn man Erschütterungen vermeidet, lange Zeit dies beiderseitige Austauschen der Ströme verfolgen, welches ganz allerliebst aussieht.

Renée Holler

Kreisel

128 Seiten mit vielen Abbildungen und Bauanleitungen, Paperback

Bei der Faszination, die der Kreisel seit Jahrhunderten auf jung und alt ausübt, spielt es keine Rolle, ob es sich um Jo-Jos, Brummkreisel, Wurfkreisel oder eine der vielen anderen Varianten handelt.

Die Autorin hat auf ihren weiten Reisen interessante kulturgeschichtliche Dinge über Kreisel gesammelt und gibt neben praktischen Anleitungen zur eigenen Herstellung zahlreiche Anregungen für spannende und ausgefallene Kreiselspiele.

Renée Holler

Murmeln, Schusser, Klicker

112 Seiten mit Fotos, Zeichnungen und Tabellen, Paperback

Murmeln, Schusser, Klicker ... über hundert Namen gibt es allein in Deutschland für dieses Spiel, das seit Jahrhunderten die Kinder in aller Welt fasziniert und auch manchen Erwachsenen aus der Reserve lockt.

Gespielt wird draußen und drinnen, am besten natürlich auf Lehmboden bei Sonnenschein, aber auch für Asphaltkinder und Regentage gibt es Tips in diesem Buch, das die schönsten Spiele von überallher gesammelt hat.

Ulrich Vohland

Spiel, Spaß, Spektakel

Aktionen für Gruppen

112 Seiten mit Abbildungen, Paperback

Spiel und Spaß für große und kleine Leute, drinnen und draußen.

Ulrich Vohland präsentiert ideenreiche Gemeinschaftsspiele für lange Winterabende, Sommerfeste, weite Autoreisen oder lustige Gartenpartys.

Völlig neue Spiele werden vorgestellt: Quizspiele für drinnen, bei denen Schatzsucher mit Köpfchen und Stift und Papier nach Goldklumpen suchen. Wettläufe und Versteckspiele finden draußen statt und auf einem Fest kann man ausprobieren einen Luftballon zu rasieren, feststellen wie schwierig es sein kann, Gummibärchen zu essen. Auch Schreibspiele, Mal- und Denkspiele kommen nicht zu kurz: es darf geknobelt, geraten und getüftelt werden. Wer spielt mit?